先秦道家

"名"思想研究

Xian Qin Dao Jia
Ming Si Xiang
Yan Jiu

周晓东◎著

中国书籍出版社
China Book Press

图书在版编目（CIP）数据

先秦道家"名"思想研究 / 周晓东著 . —— 北京：中国书籍出版社，2017.3
ISBN 978-7-5068-6128-1

Ⅰ . ①先… Ⅱ . ①周… Ⅲ . ①道家思想—研究—先秦时代 Ⅳ . ① B223.05

中国版本图书馆 CIP 数据核字 (2017) 第 073129 号

先秦道家"名"思想研究

周晓东 著

责任编辑　刘 娜
责任印刷　孙马飞 马 芝
封面设计　田新培
出版发行　中国书籍出版社
地　　址　北京市丰台区三路居路 97 号（邮编：100073）
电　　话　（010）52257143（总编室）　　　（010）52257153（发行部）
电子邮箱　chinabp@vip.sina.com
经　　销　全国新华书店
印　　刷　北京市媛明印刷厂
开　　本　170 毫米 ×240 毫米　　1/16
字　　数　155 千字
印　　张　12.5
版　　次　2017 年 6 月第 1 版　 2017 年 6 月第 1 次印刷
书　　号　ISBN 978-7-5068-6128-1
定　　价　42.00 元

目 录

I

引　言

第一节　研究对象、研究历史与现状

　　"名"是先秦思想史中一个非常重要的范畴，是先秦诸子讨论的中心内容之一，在先秦政治、逻辑、语言哲学等方面都产生过深远的影响。陈启云先生论述先秦诸子哲学思想发展的第二个阶段时说："这个阶段中更重要的发展是从这种辩难而引起思想家们对思想的本质、知识的来源和根据、真理（是非、胜负）的标准，以及思想、知识、真理和语言的关系等种种问题的反思；因此发展出在思维方法、逻辑和语言哲学上可以和西方哲学相比类，甚至比西方哲学更为早熟的哲学理论。"[①]这一阶段思想的发展，主要是围绕着"名"进行的讨论。同时，"名"在先秦诸子的讨论中呈现较为复杂的局面，与"名"相关的概念有"名实""名形""名刑""名法""名理""名言""名辩""名分""名守""名刑""正名"等，因此，首先需要对"名"的基本含义及用法进行分析。

　　《说文解字》曰："名，自命也。从口、夕。夕者，冥也。冥不相见，故以口自名。"[②]可见，"名"的基本含义是称呼自己。在古汉语中，

---

①陈启云：《中国古代思想文化的历史论析》，北京：北京大学出版社，2002 年版，第 97 页。

②段玉裁：《说文解字注》，上海：上海古籍出版社，1981 年版，第 56 页。

"名"的用法主要有如下几种①。

1. 自呼名

《礼记·曲礼》："父前子名，君前臣名。"

2. 呼人之名

《礼记·曲礼》："国君不名卿老世妇。"

3. 名誉

《周易·乾卦》："不易乎世，不成乎名。"

4. 大

《尚书·武成》："告于皇天后土，所过名山大川。"疏："山川大，乃有名，名大互言之耳。"

5. 名号

《仪礼·士昏礼》："请问名。"疏："问名，问姓氏也。名有二种，一是名字之名，一是名号之名。孔安国注《尚书》，以舜为名。郑君《目录》，以曾子为姓名，亦据子为名，皆是名号为名者也。今以姓氏为名，亦名号之类。"

6. 号令

《国语·周语》："言以信名。"注："信，审也。名，号令也。"

7. 文字

《仪礼·聘礼》："不及百名书于方。"注："名书，文也，今谓之字。"疏："名者，即今之文字也。"

---

① 此处列举的用法及例子，引自《康熙字典》。

8. 功

《国语·周语》："勤百姓以为己名。"注："功也。"

9. 明

《释名》："名，明也，明实事使分明也。"

10. 眉眼之间

《尔雅·释训》："目上为名。"注："眉眼之间。"

11. 命

《史记·天官书》："免七命。"注："免星有七名。"

其中与先秦思想史上"名"范畴相关的，主要有名誉、名号、号令、明等义，这些含义都是从"自命"这一基本义引发出来的，对先秦"名"思想的研究主要集中在这些方面。

"名"的思想起源很早，上可追溯至先民自身与自然剥离，初生自我意识之时。汉代思想家董仲舒指出："名者，大理之首章也，录其首章之意以窥其中之事，则是非可知，逆顺自著，其几通于天地矣。是非之正，取之逆顺；逆顺之正，取之名号；名号之正，取之天地。天地为名号之大义也。"[①] 认为"名"起源于天地自然秩序，乃大理之首章也。商周时期，"名"与"礼"构成了社会运作的基石。李泽厚认为："'礼制'中的'名'不只是事物的名称，它是天地的法规、神圣的符号，也是人的生存、活动、地位、利益的代表。"[②] "名"的重要性可见一斑。

春秋以降，社会剧变，在新的社会环境下，旧有的"名"思想受到猛烈冲击，引发了先秦诸子对"名"思想的重新认识和激烈讨论。先秦诸子对"名"思想的讨论是全方位的。他们从"名"的本质、社会政治

---

① 董仲舒：《春秋繁露》（四部精要本），上海：上海古籍出版社，1993 年版，第 809 页。
② 李泽厚：《新版中国古代思想史论》，天津：天津社会科学出版社，2008 年版，第 344 页。

作用、语言形式、逻辑学等多方面进行了讨论。

考察先秦"名"思想，首先需要对几个基本概念加以说明。

1．"名"思想与名学

名学作为一个学术用语，最初被作为英语"logic"一词的汉语意译，表示逻辑学。严复翻译英国逻辑学家弥尔的《逻辑学体系——归纳与演绎》，所用汉译名为《穆勒名学》。除此之外，名学还被用来指称"中国古代逻辑"，如胡适的《中国名学史》。崔清田则指出："狭义的名学指先秦名家的学术思想。广义的名学不仅包括名家之学，也包括先秦各家有关名的讨论。"①

名学在不同时期有不同的含义，使用上又有广狭之分，很容易引起混乱。另外，以上几种用法，无论哪种含义，都无法涵盖"名"这一思想范畴的丰富内涵。因此，笔者使用"名"思想的提法，可以避免引起争议。较之名学，"名"思想有着更丰富的内涵，在时间跨度上有更强的延伸性。

"名"思想与逻辑两个范畴重合的部分非常少。逻辑是西方学术体系下的一个概念，能否用来界定先秦思想，是一个很大的问题，部分学者认为，先秦没有逻辑学。代表人物暨南大学程仲棠教授认为："中国古代没有逻辑学，而只有逻辑理论的萌芽，后来也没有得到发展。逻辑萌芽见于先秦诸子的名辩学。但名辩学有别于逻辑学，二者并非同构，很多地方难以互译。"②用西方学术体系下的概念来解释几千年前中国

---

① 崔清田：《名学与辩学》，太原：山西教育出版社，1997 年版，第 1—18 页。

② 程仲棠：《逻辑要与中国现代文化接轨》，载《社会科学战线》1996 年第 4 期。对于先秦是否有逻辑思想，程仲棠和马佩展开论战，详见程仲棠：《中国古代有逻辑思想，但没有逻辑学——答马佩教授》，载《暨南学报（哲学社会科学版）》2008 年第 6 期，马佩：《再驳中国古代（先秦）无逻辑学论——对程仲棠教授"答马佩教授"的回复》，载《中州学刊》2010 年第 1 期。

的"名"思想，属于刘笑敢先生所说的反向格义，反向格义很多时候是不得已而为之的，使用时要受诸多条件的限制。在这个问题上，正如曹峰先生所言："战国秦汉时期关于'名'的讨论极为活跃，是当时思想史上一个重要现象。当时的'名'可以分为两大类，即伦理学政治学意义上的'名'与语言学逻辑学意义上的'名'。前者在中国古代影响之大远远超过后者，但二十世纪后在西方学术背景下形成的先秦名学研究，却只重视语言学逻辑学意义上的'名'，未对伦理学政治学意义上的'名'展开过系统研究，有时甚至曲解伦理学政治学意义上的'名'，将其当语言学逻辑学材料来使用，这使名学研究偏离了思想史的实态。"①

2. "名"思想与名家

名家是先秦思想派别之一。

《史记·太史公自序》："名家苛察缴绕，使人不得反其意，专决于名而失人情，故曰'使人俭而善失真'。若夫控名责实，参伍不失，此不可不察也。"②

《汉书·艺文志》："名家者流，盖出于礼官。古者名位不同，礼亦异数。孔子曰：'必也正名乎！名不正则言不顺，言不顺则事不成。'此其所长也。及謷者为之，则苟钩鈲析乱而已。"③

名家的代表人物有邓析、惠施、公孙龙等。从司马迁和班固的评价来看，名家将"名"作为自己讨论的中心，讲求"控名责实"，极端者达到了"苟钩鈲析乱"的程度。

胡适在《中国哲学史大纲》中说："古代本没有什么'名家'，无

① 参见曹峰：《两种名家》，《海峡两岸"哲学及其时代角色之自觉"学术研讨会论文集》，山东大学，2007年8月。

② 司马迁：《史记》，北京：中华书局，1959年版，第3289页。

③ 班固：《汉书》，北京：中华书局，1962年版，第1737页。

论哪一家的哲学，都有一种为学的方法。这个方法，便是这一家的名学（逻辑）。所以老子要无名，孔子要正名，墨子说'言有三表'，杨子说'实无名，名无实'，公孙龙有《名实论》，荀子有《正名篇》，庄子有《齐物论》，尹文子有《刑名》之论。这都是各家的'名学'。因为家家皆有名学，所以没有什么名家。不过墨家的后进如公孙龙之流，在这一方面研究的比别家稍为高深一些罢了。"①

胡适否定名家这一学派，是因为"无论哪一家的哲学，都有一种为学的方法。这个方法，便是这一家的名学"，是忽视了名家对"名"在语言和逻辑上的突出贡献，抹杀了名家思想的独特性，但是他认为诸多学派都有自己的"名学"，无疑是有见地的。诸子几乎都参与了对"名"的讨论，如孔子、荀子的"正名"，庄子的"无名"，墨家后学的"类名""私名"等，正如郑开所言："事实上，'名'与'辩'乃是诸子哲学的重要部分，儒、墨、道、法、名都各有其'名学'，还有，以前被误认为是道家先驱的杨朱也有自己的'名学'。先秦诸子关于'名学'表现为'正名''名辩''形名'和'刑名'各种理论形态……所以说，诸子之间基于'名'的话语而进行的诤辩和理论创造才是这一时期的'时代精神'。"②

可见"名"思想的范围很广，并非单指名家思想。名家有"名"思想，儒、墨、道、法各家也有"名"思想，而且在其思想体系中占有重要地位。先秦名家的学术思想只是"名"思想的一部分，逻辑与"名"思想的差距更大，两者都不足以体现"名"思想丰富的内涵。先秦"名"思想的核心内容包括以下几点：第一，"名"的宇宙生成功能、作为事

---

① 胡适：《中国哲学史大纲》，北京：东方出版社，1996年版，第166—167页。
② 郑开：《德礼之间：前诸子时期的思想史》，北京：生活·读书·新知三联书店，2009年版，第416—417页。

物运行法则的作用；第二，"名"在社会政治中的应用；第三，"名"的语言哲学内涵。三点之中，只有第三点与偏重逻辑的传统名学研究有重合。

自汉至清初，将近两千年的时间里，对先秦"名"思想，寥寥的研究仅限于为《墨辩》与《公孙龙子》等著作作注。西晋鲁胜曾注《墨辩》，现仅存其序文一篇。唐代陈嗣古与贾大隐都为《公孙龙子》作过注，现皆亡佚不传。现存的仅有宋代谢希深和明代傅山的《公孙龙子》注。清代中叶以后，在外来文化的刺激下，诸子学兴起，在对诸子研究中兼及名辩，典型的有孙诒让的《墨子间诂》、俞樾的《诸子平议》。这一漫长时期的研究，其侧重点在校勘、训诂，尚不属于现代意义上的学术研究。

真正现代意义上的研究产生于20世纪初。代表著作有：梁启超的《墨子学案》、胡适的《先秦名学史》、章士钊的《逻辑指要》、谭戒甫的《墨辩发微》、伍非百的《中国古名家言》、虞愚的《中国名学》等。这一时期最大的特点是引入了西方逻辑学的方法和思路。梁启超用西方逻辑学诠释《墨经》。在《墨子之论理学》中说道："《墨子》全书，殆无一处不用论理学之法则，至专言其法则之所以成立者，则惟《经说上》《经说下》《大取》《小取》《非命》诸篇为特详。今引而释之，与泰西治此学者相印证焉。"[1]他用"论理学"译"Logic"，认为"辩"即"论理学"，"名"即"名词"。胡适的《先秦名学史》是中国逻辑史的第一部断代作品。胡适同样有意识地使用西方逻辑学来研究先秦"名"思想。在本书"导论"中，胡适强调："近代中国哲学与科学的发展曾极大地受害于没有适当的逻辑方法。""因此，新中国的责任是借鉴和借助于现代西方哲学去研究这些久已被忽略了的本国的学派。"[2]《先秦

---

[1] 梁启超：《子墨子学说》，见《饮冰室合集专集》之三十七，北京：中华书局，1936年版，第56页。

[2] 胡适：《先秦名学史》，上海：学林出版社，1983年版，第7—9页。

名学史》重点探讨了孔子的逻辑、墨翟及其学派的逻辑、进化和逻辑。从中可以看出，在胡适看来，先秦"名"思想主要是逻辑学。伍非百的《中国古名家言》是这一时期绕不开的巨著。伍非百汇集先秦几乎全部"名"思想资料，对其进行了解说，为后人研究先秦"名"思想奠定了坚实的资料基础。更令人称道的是，伍非百跳出了胡适等人逻辑学的圈子，将先秦"名"思想分别概括为"名理""名辩"和"名法"三派，他认为："什么是'名家'？就是专门研究与这个'名'有关的学术问题，如名法、名理、名言、名辩、名分、名守、形名、正名等等学问的皆是。而在当时最流行、最显著的是'名法''名理''名辩'三派。'名法'是研究'形名''法术'之学的，这一派应用在政治上就是申不害一流的'术家'，应用到法律上就是商鞅一流的'法家'。他们都注重'循名责实''综核名实'的法术。后世称为'刑名'的，实即'形名学'之末流，不过'刑名'二字内涵比'形名'更窄了。另一派叫'名理'，是研究所谓'极微要眇'之理论的，如辩论'天地之终始，风雨雷霆之故''万物之所生恶起'及'时、所''宇宙''有穷、无穷''至大、至小''坚白''无厚''影不动''指不至''火不热'等问题。这一派是中国最早的自然科学理论家，在春秋末年至战国初、中期，曾流行一时。不过当时都当作'戏论'，因为无法实验，有些人认为有趣，有些人斥为无益，到秦汉统一时就亡绝了。晋人清谈乃其余风，故晋人有时称善清谈者为善谈'名理'。又一派是'名辩'，乃研究'名''辞''说''辩'四者之原理和应用的，详言之，就是研究'正名''析辞''立说''明辩'的规律和有关问题。有时亦涉及思维和存在的问题。这派以惠施、公孙龙为代表，班固《艺文志》所列的'名家'，大约以属于此派者居多。"①

①伍非百：《中国古名家言》，北京：中国社会科学出版社，1983年版，第5—6页。

　　值得注意的是，沈有鼎先生于 1980 年为此书作序，称赞"伍非百先生的《中国古名家言》一书，是对中国逻辑史的巨大贡献"[①]，显然还停留在把名学等同于逻辑学的思路上。

　　新中国成立后，尤其是 20 世纪 80 年代，对先秦"名"思想的研究依然沿袭胡适等人的思路，将其等同于逻辑学。这一时期的新特点是对公孙龙等名家进行了重新评价，观点和结论较前更为公允。代表作有：孙中原的《中国逻辑史》、周昌忠的《公孙龙子新论》、周云之的《公孙龙子正名学说研究——校诠、今译、剖析、总论》。周山《智慧的欢歌：先秦名辨思潮》《绝学复苏》等书则从学术史的角度对名家学派进行了总结和梳理，认为 20 世纪名家研究的成就主要有三点。"首先，确定了名家的对象范围，理清了名家前后相继的脉络，以及与其他名辩学派的联系和区别。其次，对名家著作进行了仔细的清理。最后，弄清楚了名家的主要学问就是逻辑学。在研究方法上的成就有两点：一是进行了中西思想文化的比较研究，二是利用近现代自然科学知识，运用辩证思维方法，对名家提出的诸多问题进行分析研究。"[②]

　　比较民国和新中国成立之后至 20 世纪 80 年代两个时期的研究，共同的缺点是以西方的逻辑比附内涵更加丰富的先秦"名"思想，使之简单化。崔清田明确指出这种方法的缺陷在于："模糊了对目的、对象、性质及内容不同的墨家辩学与西方逻辑的认识，使两者的比较失去了前提。使名学与辩学的研究，实际成了西方逻辑学的中国讲述，而不是具有自身特质的中国名学和辩学的阐释。"[③]这样做的后果是使研究的视野受到局限，影响了研究的深入开展。

[①] 伍非百：《中国古名家言》，北京：中国社会科学出版社，1983 年版，第 3 页。

[②] 周山：《绝学复苏》，沈阳：辽宁教育出版社，1997 年版，第 9—10 页。

[③] 崔清田：《名学与辩学》，太原：山西教育出版社，1997 年版，第 1—18 页。

在这种思路的影响下，崔清田在《名学与辩学》一书中跳出逻辑学的圈子，注重从政治和伦理倾向分析名学。但沿着这一方向的研究力量却非常薄弱，已经出版的著作，只有翟锦程的《先秦名学研究》、我国台湾地区林翠芬的《先秦儒家名实思想研究》等寥寥几部。《先秦名学研究》拓展了研究范围，认为："名学所涉及的问题不仅仅是名实关系问题本身，而且还关涉到社会政治、思想意识形态和社会生活的各个层面，包含着更丰富的思想内涵，具有更深刻的理论价值和更广泛的文化意义。"[①]因此，在讨论先秦诸子"名"思想时，《先秦名学研究》有意识地联系具体的社会背景，结合文化分析，从多方面进行了探索。

20世纪初以来，"名"思想的研究相对较少，研究方向主要集中在名家与墨辩，在研究中侧重逻辑思想。近十年来，一些学者冲破了逻辑的藩篱，尝试从语言学、符号学等方面对名家与墨辩进行深入的分析。如刘利民的《在语言中盘旋：先秦名家"诡辩"命题的纯语言思辨理性研究》认为：先秦"名实之辩"对语言的高度关注，不可避免地会导致对语言本身的理性反思，这就是名家之所以出现的历史原因。刘文以语言哲学的框架，对名家的"诡辩"命题进行了新的解释。从"使用"与"提及"区分的角度入手，审查、解释名家命题。刘利民认为，"使用"与"提及"所区分的是语言的实质性（即"使用"）和形式性使用（即"提及"）两种截然不同的语句分析框架。实质性语言框架所表现的语言性认知操作是与实践有直接或间接关联的，其意义具有刚性或弹性的可验证性；而形式性语言框架所表现的则属于纯语言性的认知操作，是在语言中的逻辑盘旋，与现实事物或事件没有必然联系，其意义不具有可验证性，只能以纯逻辑的方式进行分析和审查。在一个命题中被"提及"的语句因此超越了其具体的物指作用，不限于具体的事物，而成了

---

① 翟锦程：《先秦名学研究》，天津：天津古籍出版社2005年版，第4页。

思想的对象。对被提及的语句的分析也就是不涉及具体物指的纯语言性分析了。现代语言哲学家对"使用"与"提及"进行区分，展现了他们的哲学智慧。同时也说明，这种区分不仅是技术性区分，而且确实含有实质性的语言哲学价值。这个价值对于古今哲学家来说应当是相同的。先秦名家也可能利用这个区分进行哲学思辨。在先秦名辩思潮中，名家很可能已经注意到了语言意义本身的问题。名家那些被视为诡辩的语句也极有可能是名家对其中语词的"提及"使用，反映了他们关于语言本身的哲学自觉。①

朱前鸿的《先秦名家四子研究》用符号学的方法，解析公孙龙、惠施、邓析、尹文子等先秦名家四子的思维方法和逻辑思想，对"白马非马""合同异、离坚白"等著名论题提出了独特的解读思路，认为："名家四子名实思想的最大贡献莫过于其专门的符号学思想探索方面，他们从纯逻辑的角度，探讨了语义学和语用学领域的问题，尤其到了公孙龙，已经形成了较完善的符号学指称理论体系，这在中国古代可以说是独树一帜。"②

我国台湾地区丁亮的《无名与正名：论中国上中古名实问题的文化作用与发展》，从共时的角度考察了名实问题在社会文化中的作用，认为名实问题是中国文德传统的核心，其核心议题是价值表述而非逻辑推理；从历时的角度考察了名实问题在历史发展中的推动作用，认为因为周人文德衰败而有了名实问题，先秦诸子纷纷提出理论对策，其中正名观因为集中权力的特质而首先在秦汉时登上了政治舞台，无名观因为重视人心的天真简静而于魏晋登场，无名观与正名观相互融

---

① 刘利民：《在语言中盘旋：先秦名家"诡辩"命题的纯语言思辨理性研究》，成都：四川大学出版社，2007 年版。

② 朱前鸿：《先秦名家四子研究》，北京：中央编译出版社，2005 年版，第 229 页。

合，影响直至隋唐盛世。[①]

20世纪90年代后，部分学位论文从不同角度对"名"思想进行了专题研究。主要有：曹峰先生的博士论文《中国古代における"名"の政治思想史研究（中国古代"名"的政治思想史研究）》，[②]首次从政治思想角度对"名"思想进行了深入研究；丁小丽博士论文《孔孟荀"名分"思想研究》[③]，从名分角度对"名"思想进行了研究。

在先秦各学派"名"思想的研究上，除名家外，对先秦其他学派"名"思想的研究相对不足。儒家、道家、墨家、法家都有丰富而自成体系的"名"思想，这一点，胡适很早就明确指出：老子要无名，孔子要正名，墨子说"言有三表"，杨子说"实无名，名无实"，公孙龙有《名实论》，荀子有《正名篇》，庄子有《齐物论》，尹文子有《刑名》之论：这都是各家的"名学"。[④]

从这个角度上讲，单个学派的"名"思想研究也是非常有必要的，对理解其整体思想起着重要作用。令人遗憾的是，近百年来，对儒家、道家、墨家、法家等学派的"名"思想研究还很不够，尤其是缺少有分量的专著。

因为儒家在中国历史上的巨大影响，孔子率先提出正名的思想以及荀子对正名的深入探讨，使得关于儒家"名"思想的研究者较多，单篇文章比较多。影响较大的有陈启云先生的《孔子的正名论、真理

---

①丁亮：《无名与正名：论中国上中古名实问题的文化作用与发展》，台北：花木兰文化出版社，2008年版。

②曹峰：《中国古代"名"的政治思想史研究》，日本东京大学，2004年4月。

③丁小丽：《孔孟荀"名分"思想研究》，北京师范大学，2002年5月。

④胡适：《中国哲学史大纲》，上海：上海古籍出版社，1997年版，第135页。

观和语言哲学》①，曹峰先生的《孔子正名新考》②，《〈荀子·正名〉篇新论》③ 等。

陈启云先生认为："对孔子的'语言观'和'正名'思想作正确的解释，不能只靠《正名》章一段文字，而要综合《论语》全部的思想和《论语》中关于'言'（言与行、言与知）的讨论的大部分文字去研究。从这个立场上看，孔子的语言哲学，主要的观念，不是'名'而是'言'，主要论点不是'正名'，而是'言、行'对照和'慎言'。""《论语》注重'言'、《荀子》特重'名'，二者有很大的区别。后人用荀子的'正名'观念诠释孔子的'正名'观念，这是误解孔子原来思想的一大原因。"④

曹峰先生认为："孔子'正名'的原意或许很简单，并不是要建立关于'名'的具体的规范系统，而只是在历史上孔子第一个提出了语言对政治的重要性。也就是说，孔子作为一个政治家注意到了'名'之不确定性、暧昧性、随意性对政治带来的影响，看到了语言在无法准确表意或为人无法准确接收时会出现的政治后果，意识到了'名'作为明确是非、建立标准之手段对社会政治所能产生的巨大作用。""荀子所谈论的'名'绝非纯粹的语言分析，他探讨的是'名'在政治和道德上的价值、意义和作用。他根本没有想过要建立什么逻辑体系，在逻辑学上也没有什么创新。如前文所述，他对物与物的关系、名与名的关系、名与物的关系并无兴趣，因此他论述的重点不在于'名''实'关系，而

① 陈启云：《孔子的正名论、真理观和语言哲学》，载《汉学研究》1992 年第 10 卷第 2 期。又见陈启云：《中国古代思想文化的历史论析》，北京：北京大学出版社，2002 年版，第 126—154 页。

② 曹峰：《孔子正名新考》，载《文史哲》2009 年第 2 期。

③ 曹峰：《〈荀子·正名〉篇新论》，载《儒林》第 4 辑，山东大学出版社，2008 年版。

④ 陈启云：《中国古代思想文化的历史论析》，北京：北京大学出版社，2002 年版，第 128 页。

在于人与'名'的关系,即便是人与'名'的关系,他的出发点也主要不是认识论,而是什么样的人会得到什么样的'名',什么样的'名'会影响到什么样的政治。所以,目前以逻辑学为出发点的《荀子·正名》篇研究,太多强加的多余的解释,削足适履的色彩太浓。"①

关于儒家"名"思想的专著,目前可见的仅有台湾地区林翠芬的《先秦儒家名实思想研究》。林翠芬认为:先秦时期,举目可见倾圮的旧事物、继起建造的新事物、更迭不已的政争、此起彼落的战况,面对这样剧烈变迁的世代,孔子率先提出"正名"主张,促使诸子因缘际会地相继投入"名实之辩"的世纪性论战。在论辩的过程中,孔子欲以周文为型范,孟子继之拒扬墨、排纵横、匡农贬法,荀子严厉批判百家旧学饰邪说、文奸言,展露出继往开来、承前启后的精神,又透显儒家在文化传承与创新上的强烈使命感,然而孔孟荀在中国学术思想史上分别坐拥主流与非主流的地位。至汉代独尊儒术之议起,儒家思想乃跃为学术文化之主流,百家之说则相形失色。先秦儒家名实思想之价值:一为伦理学层面,孔孟之识见与荀子观点各有其见地;二为政治论层面,由仁政王道思想的发轫转成构设贯彻客观具体制度为王道思想的渐变;三为认识论层面,唯心主义承认先验心性与唯物主义强调经验理性的殊别观照;四为逻辑学层面,探触概念推理判断有殊胜之处,可是批判诸子难免常识经验与抽象思辨难以两全的限囿。②

墨家与名家关于名实等问题有很多论战,所以众多文章和专著往往从逻辑学的角度研究墨家"名"思想。曾昭式的看法可以视为一个典型:"我们不能采取历史虚无主义的态度,说中国古代没有逻辑。虽然墨辩逻辑没有 M、P、S 等符号,然而'彼''此'等词已经是完全意义上的

① 曹峰:《〈荀子·正名〉篇新论》,载《儒林》第 4 辑,山东大学出版社,2008 年版。
② 林翠芬:《先秦儒家名实思想研究》,台北:花木兰文化出版社,2011 年版。

抽象概念，也可以赋予各种具体概念。所以我们要科学地审视《墨辩》六篇……我们批评'比附'研究不是主要的，重读墨辩、建构墨家辩学体系才是中国逻辑史界应该关注的问题。"① 周云之在《墨辩中关于"名"的逻辑思想》中讨论了"名"的逻辑思想，认为："墨辩逻辑具有相当完整的体系，其逻辑思想的深刻性和科学性，都是中国逻辑思想史上特放异彩的集大成者，也是中国逻辑史上最主要的代表。"②

詹剑峰的《墨家的形式逻辑》、陈孟麟的《墨辩逻辑学》等著作，都对墨家的"名"进行了讨论，但都是从逻辑学角度展开的。

陈孟麟在《墨辩逻辑学》中说："孔子正名的含义是正名分或正名守，因而正名所规定的对象是人的行为，并不是把名理解为思维形式，以之作为研究对象，来探讨人们的思维法则，即正确思维的逻辑规律。按老子一派，名作为认识事物的逻辑意义，是被葬送了的，而孔子正名在于明理，同时又把名实关系作了唯心主义颠倒。老子是反逻辑的，孔子也与真正逻辑学意义的正名无关。《墨辩》就截然不同了。《墨辩》把名理解为思维形式—概念，认为概念是思维的细胞。"③

在墨家"名"思想研究中，杨国荣是少数能够跳出逻辑学限定的学者之一，他在《孔墨老与先秦名实之辩》中将老子、孔子、墨子的名实之辩进行了比较，认为："墨子在中国哲学史上建立了第一个雏形的经验论体系，这一体系摒弃了孔子名实论中的'生知'原则，对感觉能否给予真实的存在这一问题作了肯定的答复，并探讨了是非准则及逻辑推论的经验论基础，从而构成了先秦名实之辩的重要一环。"④

---

① 曾昭式：《普通逻辑语境下墨辩逻辑学研究的回顾与反思》，载《哲学研究》2005 年第 11 期。
② 周云之：《墨辩中关于"名"的逻辑思想》，载《江汉论坛》1979 年第 4 期。
③ 陈孟麟：《墨辩逻辑学》，济南：齐鲁书社，1983 年版，第 18 页。
④ 杨国荣：《孔墨老与先秦名实之辩》，载《学术界》1990 年第 6 期。

　　李春勇评价墨家"名"思想，认为墨子关于"名"的思想很丰富，也有许多新思想，涉及了多方面的问题，如"名"的约定性、"察实"的正名方法、名的区分、名实之间复杂的对应关系等。但我们也应当注意到，墨子对这些问题的讨论多为具体的，其概念理论还处于萌芽阶段，尚未上升到抽象的系统理论。[①]

　　关于道家"名"思想，未见专门著作，比较有影响的是郑开的文章《道家"名学"钩沉》，论文阐明了道家"名学"中的"形名相耦""名的建构"和"无名的意义"等重要内容。其中，以道家"名学"为中心，判明了先秦诸子"名学"的不同，而且分析了道家"名学"与西方"逻辑"之间的差异。郑开认为，道家是借助"名学"工具论证"道"的真理。[②]

　　胡适是最早进行研究道家"名"思想的学者之一。胡适将老子称为"辩者"，评价老子为"哲学上的虚无主义者"。[③]胡适认为老子对"名"的作用是认可的，但是又因为强调"无名"变得有些自相矛盾：

　　"道之为物，惟恍惟惚。惚兮恍兮，其中有象。恍兮惚兮，其中有物。窈兮冥兮，其中有精。其精甚真，其中有信。自古及今，其名不去，以阅众甫。吾何以知众甫之然哉？以此。"（二十一章）这一段虽然说"惟恍惟惚"，但不容置疑地包括了对在认识中对"名"作用的认可。这一认可在其他段落中也可以看到：

　　"道常无名……始制有名，名亦既有。夫亦将之止。知止可以不殆。"（三十二章）在这里，老子似乎察觉了名的奇妙的可能性：不仅是借以

---

① 李春勇：《先秦概念之"名"的确立——由邓析经孔子至墨子》，载《华东师范大学学报》（哲学社会科学版）1996 年第 6 期。

② 郑开：《道家"名学"钩沉》，载《哲学门》2005 年第十一辑。

③ 胡适：《先秦名学史》，上海：学林出版社，1983 年版，第 19—20 页。

知道"一切开端"的方法，而且是管理社会生活的工具。

不幸的是，"名"的这一观念，如同"变化"的观念，由于老子强调"无名"的自然状态的优越性而变得不真实了。所有的名、所有的区别都是不自然的，因而是低级的……故此有他对传统观念的破坏。[1]

不管怎样，胡适认为"名"被讨论本身就是好事，哪怕"名"受到"破坏性的批评"，也表明"诡辩时代正演变为逻辑时代"。[2]

冯友兰对老子"道"和"名"的关系进行过讨论："'道常无名，朴。'所以，常道就是无名之道。常道既是无名，所以不可道。然而，既称之曰'道'，道就是个无名之名。'自古及今，其名不去，以阅众甫。'（第二十一章）道是任何事物所由以生成者，所以，其名不去。不去之名，就是常名。'常名'实在是无名之名，实则是不可名底。所以说，'名可名，非常名'。"[3]

老子"道"和"名"的关系引起许多学者的研究兴趣，陈鼓应、白奚认为："'道'之不可名，乃是由于它的无形，那么为什么老子要设定'道'是无形的呢？因为如果'道'是有形的，那它必定就是存在于特殊时空中的具体之物了，而存在于特殊时空中的具体事物是会生灭变化的。而在老子看来，'道'却是永久存在的东西，所以他要肯定'道'是无形的。为什么老子又要反复声明'道'是'不可名'的呢？因为有了名，就有了规定性，就会被限定住了，就成了具体的存在物，而'道'是无限性的，是没有任何规定性的。通常我们用名来指称某一事物，某

---

① 胡适：《先秦名学史》，上海·学林出版社，1983 年版，第 24 页。

② 胡适：《先秦名学史》，上海·学林出版社，1983 年版，第 24 页。

③ 冯友兰：《新原道》，载《三松堂全集》，郑州：河南人民出版社，2001 年版，第 5 卷，第 45 页。

一事物被命名之后，就不能再称为其他的东西了。由于'道'的无限性和无规定性，无法用语言文字来指称它，所以它只能是无名的。"①

　　"道"和"名"的关系是老子"名"思想研究的热点，相比之下，对老子"名"与"德"、"名"与"礼"的研究则稍显冷清，对老子"名"思想的全面研究更是至今未见。

　　研究庄子"名"思想的文章较少，为数不多的研究集中于庄子的语言观和庄子对待名辩的态度上。

　　杨国荣指出：《庄子》认为名可指物（名言可以指称特定的对象），即对名言能否把握经验对象这一问题做了肯定的回答，就此而言，似乎很难将其完全归入怀疑论或相对主义。然而，关于名与形上之道的关系，《庄子》又着重强调了二者之间的区别，从而表现出某种怀疑论的立场。在言意之辩上，《庄子》有见于心的问题与语言问题的联系，但"得意而忘言"之说则在逻辑上导向言与意之分。同时，"卮言"的提出注意到了应扬弃概念的凝固化，并在某种程度上表现了赋予名言以过程性的意向，然而，对概念确定性的消解，无疑容易偏离"不异实名"的同一律。②

　　李志强认为："在先秦的语言观中，庄子语言思想占有重要地位。庄子也认为语言具有局限性，并且对辩论持否定态度……庄子既指出语言对真理的表达的局限性，同时又不排斥语言的使用。"③

　　《庄子》"名"思想的研究远远没有深入。其中"名"与"礼"的关系、庄子后学"名"与"法"的关系，尤其值得关注。

　　很多学者注意到《黄帝四经》的"名"思想，如陈鼓应在《黄帝四

———————————

① 　陈鼓应、白奚：《老子评传》，南京：南京大学出版社，2001年版，第109—110页。

② 　杨国荣：《庄子》哲学中的名与言，载《中国社会科学》2006年第4期。

③ 李志强：《先秦和古希腊语言观研究》，北京：学苑出版社，2008年版，第21—22页。

经今注今译——马王堆汉墓出土帛书》[①]，谷斌、郑开在《黄帝四经今译·道德经今译》[②]中都提到《黄帝四经》的"名"思想，但未展开论述。余明光在《黄帝四经与黄老思想》中对《黄帝四经》的"名"思想进行了分析，认为："所以它特别强调立名与正名。所谓'名'，就是法令条文，所谓'正'，就是办事要符合法律的规定。用现代的语言来说，就是依法、遵法与守法。'正名'就是以法为尺度，判定各种是非曲直。"[③]对《黄帝四经》的"名"思想研究最为深入的是曹峰先生。曹峰先生对《黄帝四经》的"名"进行了详细分类，并探讨了《黄帝四经》的"审名"活动、"执道者"与"名"的关系、《黄帝四经》中"名"与"法"的关系。[④]但除了曹峰先生的几篇文章外，几乎未见对《黄帝四经》"名"思想进行讨论的文章。

《管子》四篇的"名"思想未见专门研究文章，只有少数学者研究《管子》四篇时，涉及其"名"思想。如陈鼓应先生《管子四篇诠释——稷下道家代表作解析》[⑤]、张舜徽先生的《周秦道论发微》[⑥]对《管子》四篇的"名"思想进行了说明。

《鹖冠子》"名"思想的研究，大陆几乎没有这方面的论文和著作。外国学者中，比利时的戴卡琳从论辩学的角度对《鹖冠子》进行了解读。[⑦]我国台湾地区学者王晓波在《道与法：法家思想和黄老哲学解析》中对《鹖

---

① 陈鼓应：《黄帝四经今注今译——马王堆汉墓出土帛书》，北京：商务印书馆，2007 年版。

② 谷斌、郑开：《黄帝四经今译·道德经今译》，北京：中国社会科学出版社，1996 年版。

③ 余明光：《黄帝四经与黄老思想》，哈尔滨：黑龙江人民出版社，1989 年版，第 37 页。

④ 曹峰：《黄帝四经所见"名"的分类》，载《湖南大学学报》2007 年第 1 期；曹峰：《黄帝四经所见"执道者"与"名"的关系》，载《湖南大学学报》2008 年第 3 期。

⑤ 陈鼓应：《管子四篇诠释——稷下道家代表作解析》，北京：商务印书馆，2006 年版。

⑥ 张舜徽：《周秦道论发微》，北京：中华书局，1982 年版。

⑦ [比]戴卡琳：《解读：〈鹖冠子〉从论辩学的角度》，沈阳：辽宁教育出版社，2000 年版。

冠子》"名"思想进行了分析，讨论了《鹖冠子》主张的"当名服事"，认为《鹖冠子》的思想包含了儒家的道德规范，墨家和名家的"辩"，法家的"去私立公""尊君卑臣"，是"采儒墨之善，撮名法之要"。①

戴卡琳和王晓波对《鹖冠子》"名"思想的研究，都具有开创之功，这方面的研究还有大量的工作要做。

尽管先秦"名"思想的研究已经有了可喜的转变，但还存在许多不足。一是对孔子之前"名"思想的起源讨论不够。二是没有把"名"作为独立的范畴，而是将其作为在名实关系问题讨论基础上发展起来的一种思潮。三是对"名"与"礼""德"等范畴的关系，没有深入分析。四是对"名"思想的历史发展过程有所关注，但没有揭示"名"思想的理论化过程。

综上所述，学界对先秦"名"思想的研究还不够深入，存在很多空白。先秦"名"思想的进一步研究，对深入了解先秦时期的思想与文化有着重要意义，也将为当代社会的思想文化建设提供更多的思想资源。

除研究数量严重不足外，道家"名"思想与先秦其他学派的互动，尤其是儒家和道家在"名"思想上的影响与反影响的研究也不够深入。实际上，儒道之间的影响与反影响对孔子以后各家"名"思想的形成起了巨大的作用。陈启云指出，孟子的"理想"主义和对"理想和现实关系"的论述，在先秦思想中，是影响深远、波澜不绝的。名家、中期墨辩、《老子》《庄子》以至荀子，关于"名"（理想、观念）、"实"、"指"（旨）、"物"（或"旨""指"）的辩论都因此而发。《庄子》内、外、杂篇中关于"齐物"直接和间接的议论，以及转用惠施的诡辩引申出来的"万物毕同毕异""泛爱万物，天地一体"的说法，也可以说是针对孟子"义有

①王晓波：《道与法：法家思想和黄老哲学解析》，台北：台湾大学出版中心，2007年版，第421—423页。

等差，各有所宜"（理想中的"等差观念"）而引发的"亲亲"（现实社会中的等差），"劳心劳力"（现实政治中的等差），以及"分工合作"（现实经济中的等差，如井田、关市和孟子批评许行上下并耕的话）的主张。一般地说，《庄子》中比较纯哲学性的理论（以内篇为著），可能是针对这些问题的反应。① 对于先秦诸子这一阶段思想发展的路向，陈启云进一步指出，站在研究思想史的立场上说，在这阶段中对中国思想发展影响最大的，不是此类思想发展的正面成就，而是此类思想发展失败所引起的负面后果。换句话说，从西方哲学认识论的立场来看，墨辩、惠施、公孙龙所代表的"名学"思想是正面的发展，批评和反对此类"名学"思想者是负面的发展。但从中国思想发展史的立场来看，"名学"思想是负面的发展，而批评和反对此类"名学"思想者却代表了正面的主流思想的发展路向。②

本书的目标是系统地呈现先秦道家的"名"思想，探索先秦道家"名"思想发展的脉络，揭示道家思想中"名"与"德""礼""法"等范畴的关系。

第二节 "名"思想研究的方法

本书把"名"作为一个独立范畴，对先秦道家的"名"思想作历时性的全面探讨，揭示道家"名"思想发展的线索与规律；将道家的

---

① 陈启云：《中国古代思想文化的历史论析》，北京：北京大学出版社，2002年版，第169页。
② 陈启云：《中国古代思想文化的历史论析》，北京：北京大学出版社，2002年版，第101页。

"名"与其他范畴相比较，作共时性的深入分析，揭示"名"与"礼""道""德""法"等范畴的复杂关系。通过这样的工作，尝试填补相关方面研究的不足。

在研究方法上，主要有以下几种。

一、采用文献分析的方法

搜集、鉴别、整理文献，并通过对文献的研究，形成对事实的科学认识。对文献的使用要慎重，但要避免疑古过勇。

二、采用历史分析的方法

既考察道家的"名"思想，又上溯"名"思想的起源。对道家"名"思想的考察，也要注意其历史发展过程，从中寻找规律性的内容。

三、采用系统分析的方法

将道家"名"思想置于先秦思想与文化的大系统之下，将其作为整个大系统的一部分，综合考察道家"名"思想与先秦思想总体、"名"与"道"和"礼"等其他思想之间的关系，以期全面准确地认识道家"名"思想。道家"名"思想在先秦文化体系中是一个相对独立的形态，而其本身则是一个具有多样性和变化性特征的文化综合体。因此，我们在具体分析道家"名"思想的过程中，应当注意从纵向和横向的参验比较中准确地把握。从纵向来说，道家"名"思想在不同的历史阶段，既有其产生的社会历史根源，又有其连续不断发展的思想过程，所以参照其前后的不同形式，分析每种理论对前人的继承和扬弃，认清对后人的启发，特别是注意社会形态转变这一根本条件，是我们正确认识道家"名"思想的重要前提。

四、适当使用语言学相关理论及最新成果

对于语言学在思想史研究中的作用，既不能无限拔高，又不能一概否定。郑开指出：甲骨文、金文中有没有思想史？相比思想史研究者们（包括大多数日本学者）热衷甚至痴迷于词源学（古文字学）的考证和分析，多数古文字学家对这种方法与倾向抱怀疑态度。古文字学家的这种态度是审慎的，试想把甲骨文中的"需"解释为巫祝，认为"儒"起源于"需"，"这样一种研究和结论究竟对理解儒家思想的起源有何意义，是很值得怀疑的"。同样，即使肯定"道"的字源意义是指携带异族的首级而行以驱邪，这对理解先秦老庄道家思想的起源究竟有何意义？实际上，把"無"（无）训释为"舞""巫"，把古代的"士"追溯为"斧钺"，非但没有意义，还近于臆说。[①]

郑开的说法无疑是有一定道理的，但是对于字源的探讨不能一概否定，如"德者，得也"的训诂，对我们认识"德"字在思想史上含义的发展变化，其作用是不可否认的。

五、人类学的视角

"名"思想的重要内容之一是"命名"，人类对世界的认识，必然从命名开始。无论是人与人类社会还是自然万物，都需要通过命名才能被认识，"名"思想是伴随着人类对世界的认识和探索而产生的，因此，对于"名"思想的考察，可追至久远的原始社会。这一时期的"名"思想，体现出清晰的原逻辑思维特点，"互渗律"在其中扮演着重要角色。关于"互渗律"，列维·布留尔写道："这是有一个因素在这些关系中永远存在着的，这些关系全都以不同形式和不同程度包含着那个作为集体

[①] 郑开：《德礼之间——前诸子时期的思想史》，北京：生活·读书·新知三联书店，2009年版，第42页。

表象之一部分的人和物之间的'互渗'……我把这个作为原始思维所特有的支配这些表象的关联和前关联的原则叫'互渗律'。"① 列维·布留尔进一步阐述道："在原始人的思维的集体表象中，客体的寄存物现象能够以我们不可思议的方式同时是它们自身，又是其他什么东西。"②

现代人把名字看作一种符号，属于精神范畴，而原始人把自己的名字看成是某种具体的、实在的，常常是神圣的东西。印第安人把名字看成自己这个人单独的一部分，看成类似于自己眼睛或牙齿的东西。他相信，恶意使用自己的名字，他就一定会受苦。在西非海岸，存在着对人类与其名字之间实在的和肉体上的联系的信仰……帝王的真名始终保持秘密。③

这种认识导致了对"名"的信仰。由于把"名"看作实体性的东西，人与名字密不可分，为了趋利避害，产生了一系列关于"名"的禁忌。在许多民俗中，都可以看到这种对名的禁忌。列维－斯特劳斯考察了南美很多部落，写道："在尔维尔和巴瑟斯特岛……与死者名字同音的一切词，他的子嗣都避而不说，即使这些词都是常用的，并且与死者的名字只有较远的语音类似性。"④ "维克门坎族……还有一些名字，如某人的姐妹及其内兄弟的名字，也绝不可提及。"⑤ "在狩猎中，必须细心地避免说出被捕猎动物的名称。"⑥

这些名的"禁忌"包含着原始人对"名"的两种认识。

---

① 列维·布留尔：《原始思维》，北京：商务印书馆，1985 年版，第 39 页。

② 列维·布留尔：《原始思维》，北京：商务印书馆，1985 年版，第 101 页。

③ 列维·布留尔：《原始思维》，北京：商务印书馆，1985 年版，第 47 页。

④ 列维－斯特劳斯：《野性的思维》，北京：商务印书馆，1987 年版，第 97 页。

⑤ 列维－斯特劳斯：《野性的思维》，北京：商务印书馆，1987 年版，第 199 页。

⑥ 列维·布留尔：《原始思维》，北京：商务印书馆，1985 年版版，第 197 页。

（1）"名"与某种神秘的超自然的力量相连。

（2）"名"具有一种语言学上的力量，事物本身往往随着"名"的变化而成为另外一种事物。"名"具有先于事物本身的第一特性。

马塞尔·莫斯在《巫术的一般理论：献祭的性质与功能》中说："赋予代表神明的人的名字，多半将这个人等同于神明。"[①] "虽然这些物体因它们的名称而被赋予了特别的力量，但我们可以说既然事物实质上是各种物质化的语言，那么它们更多的起到咒语的作用，而不是起到了具有品性的物体的作用，首先，我们有为第一类符号选择名称的习俗，而后，另外一个是确定被命名的物体，第二类符号及效应之间关系的习俗。"[②]

在这种认识的支配下，改名成为驱灾避祸的方法，名的改变意味着事物实质的改变。在少数民族地区，存在这样的风俗：如果儿童久病不愈，就将病孩的名字与巫师或寨名相连；孩儿夜哭，体弱多病，需另行命名，取健康未被蛇咬的小孩的名字。[③]改名经常标志着个体的再创造，在宗教信仰中，名字与担当名字的人的人格有着密切的联系，它包含着他灵魂中的某些东西。改名的行为甚至扩展到朝代、城市，新的朝代一定会选择一个新的名字。

分类原则在儒道"名"思想研究中是不可忽视的一种方法。人类学大师涂尔干与莫斯对分类是这样定义的："所谓分类，是指人们把事物、事件以及有关世界的事实划分成类和种，使之各有归属，并确定他们的

---

① 马塞尔·莫斯：《巫术的一般理论：献祭的性质与功能》，桂林：广西师范大学出版社，2007 年版，第 234 页。

② 马塞尔·莫斯：《巫术的一般理论：献祭的性质与功能》，桂林：广西师范大学出版社，2007 年版，第 94 页。

③ 纳日碧力戈：《姓名论》，北京：社会科学文献出版社，2002 年版，114—121 页。

包含关系或排斥关系的过程。"①分类是"名"思想的重要内容，但实际上却为人们所忽视，迄今未见到对"名"思想中的分类观念及原则进行的研究。

命名本身就是一种分类。"名"不仅是"名"，同时还附有一系列规定严格的附属物。通过命名，原始人逐步区分人类自身与自然万物，但这种区分开始是模糊的，往往将两者混为一谈。随着人类的发展，这种区分越来越清晰、越来越明确，由自然领域进入社会领域，在其中扮演了重要角色。在先秦与"名"相关的思想观念中，很多重要范畴与现象需要通过分类来研究，比如等级划分、礼的观念与实践、姓名的产生与发展。这些范畴与"名"思想密切相关，只有在分类观念下，才能被更深入地认识与研究。

----

① 涂尔干：《原始分类》，上海：上海世纪出版集团，2005 年版，第 2 页。

第一章　道家「名」思想的学术背景

　　"名"思想起源很早。诸子之前，中国"名"思想的传统是"成命百物"。诸子时期，"名"思想产生了明显的语言转向。诸子百家，纷纷从语言之途深入名实关系，使先秦诸子的"名"思想带有强烈的语言意味。这一语言转向，肇始于孔子，沿实践旨趣与理论旨趣两条路径发展。儒家、早期墨家和法家，对"名"与"言"的讨论集中在社会问题，表现出明显的实践旨趣；名家、道家及后期墨家，对"名"与"言"进行了语言和哲学上的讨论，表现出明显的理论旨趣；后期道家则重归实践旨趣。各家相互联系、相互回应，为诸子思想注入了深刻的内涵。

　　"名"的思想，兴盛于春秋战国社会大变动时期，是先秦诸子思想的重要组成部分。郑开认为："'名'的问题的重要就在于，它是诸子哲学探讨的背景、工具和前提。"[①]当代学者讨论"名"思想，多自孔子开始。这种做法看到了孔子在"名"思想发展史上的重要地位，但是忽略了孔子之前"名"思想的历史。"名"思想起源很早，孔子之前，存在着一条清晰的"名"思想路径，这便是成命百物。

---

① 郑开：《德礼之间——前诸子时期的思想史》，北京：生活•读书•新知三联书店，2009年版，第413页。

第一节　成命百物的传统

《国语·鲁语上》：“黄帝能成命百物，以明民共财，颛顼能修之。”韦昭《注》：“命，名也。”①赵生群先生云：“《鲁语》之‘成’、《礼记》之‘正’，皆训‘定’。‘成命百物’，谓定百物之名。”②

“黄帝能成命百物”，或许有传说的成分，但准确地揭示了“名”思想的起源。人类对世界的认识，必然从命名开始。自然万物、人与人类社会，都需要通过命名才能被认识，命名是“名”思想的重要内容之一。传世文献和出土文献均清晰地显示了这条路径。

《尚书·尧典》：

乃命羲、和，钦若昊天，历象日月星辰，敬授人时。分命羲仲，宅嵎夷，曰旸谷。寅宾出日，平秩东作。日中，星鸟，以殷仲春。厥民析，鸟兽孳尾。申命羲叔，宅南交。平秩南讹，敬致。日永，星火，以正仲夏。厥民因，鸟兽希革。分命和仲，宅西，曰昧谷。寅饯纳日，平秩西成。宵中，星虚，以殷仲秋。厥民夷，鸟兽毛毨。申命和叔，宅朔方，曰幽都。平在朔易。日短，星昴，以正仲冬。厥民隩，鸟兽氄毛。帝曰：“咨！汝羲暨和。期三百有六旬有六日，以闰月定四时，成岁。允厘百工，庶绩咸熙。”③

---

① 徐元诰：《国语集解》，北京：中华书局，2002 年版，第 156 页。

② 赵生群、苏芃：《〈国语〉疑义新证》，载《古籍整理研究学刊》，2007 年第 2 期。

③ 《十三经注疏》，北京：中华书局，1980 年版，第 119—120 页。

这段材料描绘了人们对天象的观察，记录了早期中国人将天象与农业生产联系起来的具体情况，人们可以看出早期中国人对自然界的命名。这些命名，反映了当时人们对于自然界的认识和规定，是世世代代劳动人民实践的智慧结晶。

值得注意的是，这段文字不仅有对于东西南北、春夏秋冬的命名，还包含了早期的四方风名。"厥民析，鸟兽孳尾"，实为东方及东方风名；"厥民因，鸟兽希革"，为南方及其风名；"厥民夷，鸟兽毛毨"，为西方及其风名；"厥民隩，鸟兽氄毛"，为北方及其风名。[1]

《尧典》之外，甲骨文、《山海经》亦有类似记载。

武丁时代的牛胛骨刻辞：

> 东方曰析，凤（风）曰协。
>
> 南方曰因，凤（风）曰微。
>
> 西方曰彝，凤（风）曰彝。
>
> 北方曰九，凤（风）曰役。[2]

《大荒经》云：

> 名曰析丹，东方曰析，来风曰俊，处东极以出入风。[3]（《大荒东经》）

---

[1] 在长达两千年的历史中，人们对这几处文字的解释纷纭繁乱，却始终不得要领，原因在于没有认识到这是对四方风的命名，直到20世纪40年代，胡厚宣发表了《释殷代求年于四方和四方风的祭祀》，才为人们解读这段文字开启了大门。参考胡厚宣：《释殷代求年于四方和四方风的祭祀》，载《复旦学报》（人文社会科学）1956年第1期。

[2] 胡厚宣：《甲骨文合集释文》，北京：中国社会科学出版社，1999年版，14294。

[3] 袁珂：《山海经校注》，上海：上海古籍出版社，1980年版，第348页。

有神名曰因因乎，南方曰因乎，夸风曰乎民，处南极以出入风。①
（《大荒南经》）

有人名曰石夷，来风曰韦，处西北隅以司日月之长短。②（《大荒
西经》）

有人名曰鹓，北方曰鹓，来之风曰狻，是处东极隅以止日月，使无
相间出没，司其短长。③（《大荒东经》）

一方面，这些资料表明，早期"名"思想主要的功能局限于对自然
的认识与命名，其内容往往服务于农业生产，此时尚与政治相距甚远。
甲骨卜辞是商王向四方神祈祷的记录，其内容不脱离对风调雨顺的愿望。
四方神包含着神话思想，但神话之中可以清晰地看到人们对于四方的认
识与命名。有了对四方的命名，人们才从混沌的世界中走出来，有了明
确的方位感，且用于指导生产生活，渐次发展为八方、八风，进而配之
以五行，对世界的认识越来越精确、对生产的指导越来越明确。到了《尧
典》，神话色彩基本消失，对自然的认识更为深入。四方已与四时相配，
继之以精确的历法，可以更有效地指导生产。四方风名反映了早期中国
人对自然认识的深入，人们认识到四方风在生活中的重要性，它们与农
业生产息息相关，由此才发展出丰富的四方与四方风词汇。

另一方面，四方风名表明殷人思维方式仍然处于心象—概念形式，
此时尚缺乏抽象思维。正如布留尔所说："一切都以'心象—概念'的
形式呈现出来，亦即以某种画出了最细微特点的画面呈现出来，——这
不仅在整个生物界的自然种方面是如此，而且在一切客体、不论什么客

① 袁珂：《山海经校注》，上海：上海古籍出版社，1980 年版，第 370 页。
② 袁珂：《山海经校注》，上海：上海古籍出版社，1980 年版，第 391 页。
③ 袁珂：《山海经校注》，上海：上海古籍出版社，1980 年版，第 358 页。

体方面，在由语言所表现的一切运动或动作、一切状态或性质方面也是如此。因此，这些'原始'语言拥有极大量的为我们的语言所没有的词汇。"①

甲骨卜辞的四方及四方风名实际是神名，《山海经》亦是如此。这时的四方还不是纯粹抽象的方位词，而是以"心象—概念"的形式呈现出来的实实在在的神。当人们提到四方的时候，总是与有着明确形象的神的心象结合在一起。到《尧典》，具体形象才渐渐隐去，表现出明确的抽象思维。当抽象思维逐渐发达之后，四方风名也慢慢淡出人们的使用范围。《尧典》对四方风名的记录，已经不知其本义。我们看到的"厥民析，鸟兽孳尾；厥民因，鸟兽希革；厥民夷，鸟兽毛毨；厥民隩，鸟兽氄毛"相当令人费解，历代注疏多不得其义，而这反映了四方风名已淡出人们的使用范围，《尧典》写作时，四方风名已不为人知了。

《尚书·吕刑》："禹平水土，主名山川。"孔颖达正义："禹治洪水，山川无名者主名之。"② 王晖认为："对于夏禹来说，他知晓山川鬼神、鸟兽草木之名，便拥有一种可怕的神力，他拥有支配这些名称所指事物——山川鬼神、鸟兽草木的力量。"③ 由四方而至山川，显示了"名"思想内涵的进一步丰富，命名也由认识功能发展到控制功能。

《左传·桓公六年》，鲁大夫申繻论命名原则："名有五：有信，有义，有象，有假，有类。以名生为信，以德命为义，以类命为象，取于物为假，取于父为类。不以国，不以官，不以山川，不以隐疾，不以畜牲，不以器币。周人以讳事神，名终将讳之，故以国则废名，以官则废职，

---

① 列维·布留尔：《原始思维》，北京：商务印书馆，1985年版，第165页。

②《十三经注疏》，北京：中华书局，1980年版，第248页。

③ 王晖：《夏禹为巫祝宗主之谜与名字巫术论》，载《人文杂志》2007年第4期。

以山川则废主，以畜牲则废社，以器币则废祀。"①

　　命名遵循明确的原则："有信，有义，有象，有假，有类"，并发展出一系列忌讳："不以国，不以官，不以山川，不以隐疾，不以畜牲，不以器币。"尽管这里讲的只是人名的命名原则，我们仍然可以看出，"名"思想已经有了一定的系统性。孔子之前，"名"思想便是沿着这样一条路径来发展的，但内容只是限于成命百物，尚未涉及政治领域，没有上升到理论高度。

第二节　语言与孔子的正名

　　孔子的正名，集中于《论语·子路》：

　　子路曰："卫君待子而为政，子将奚先？"子曰："必也正名乎！"子路曰："有是哉，子之迂也！奚其正？"子曰："野哉，由也！君子于其所不知，盖阙如也。名不正，则言不顺；言不顺，则事不成；事不成，则礼乐不兴；礼乐不兴，则刑罚不中；刑罚不中，则民无所措手足。故君子名之必可言也，言之必可行也，君子于其言，无所苟而已矣。"②

　　这段文字，起于"名"，终于行。所谓事不成，礼乐不兴，刑罚不中，民无所措手足，都可以归结到一个字："行"。以此视之，这段文

---

① 《十三经注疏》，北京：中华书局，1980 年版，第 1751 页。

② 程树德：《论语集释》，北京：中华书局，1990 年版，第 885—893 页。本文所引《论语》，以此为底本。

字实际是论述"名"与行的关系。"名"包含两个层面：事实层面与价值层面。事实层面体现在命名上，命名是"明"的过程，将事物从混沌之境中显现出来，使之达到人的认识领域；在价值层面上，"名"是一系列的内在规定和行为规则，它体现了一种等级分层、一种权力本质，与"行"是一事两面。因为"名"包含此两层面，孔子之正名，看似发言玄远，实则紧扣"行"字。子路讽刺孔子"子之迂也"，《集解》："包曰：'迂犹远也。言孔子之言远于事。'"《集注》曰："迂，谓远于事情，言非今日之急务也。"① 子路只看到了"名"，没有注意"名"背后隐藏的"行"，所以有"子之迂也"的评判。

但在整部《论语》中，"名"的出现仅八例。陈启云先生根据台北"中央研究院"历史语言研究所《汉籍全文数据库》，检索重要观念词在《论语》出现的频率和比例，认为"名""辩·辨"观念在孔子思想中微不足道②。"名"没有成为《论语》的重要词汇，不意味着孔子未曾对"名"进行深入的讨论。孔子没有就"名"论"名"，因为"名"本身是无法独立显现的，必须通过语言才能显现。孔子将"名"与"言"结合起来，命名的过程即言说的过程，"名"必然通过语言来表达。"名"与"实"的关系实为语言与存在的关系。在此意义上，"名"是语言的具体形式。"名"具有指称世界和规定世界的双重内涵，"言"具有同样的特点。杨国荣说："语言不仅涉及主体词的理解，而且作为一个内在的环节参与了现实的变革。"③"言"与"名"具有高度的内在一致性。"名"是语言对事物的把握和规定。孔子将"名"的问题转化为"言"的问题，便是将纯"意味"的问题，转化为可以讨论、可以操作、可以

---

① 程树德：《论语集释》，北京：中华书局，1990 年版，第 892 页。

② 陈启云：《治史体悟——陈启云文集一》，桂林：广西师范大学出版社，2007 年版，第 268 页。

③ 杨国荣：《道论》，上海：华东师范大学出版社，2009 年版，第 168 页。

控制、可以施行的问题。《左传·昭公十八年》子产有言："天道远，人道迩，非所及也。"[①]对孔子来说，"名"是天道、"言"是人道。

"名"由言出，"名"是对世界的反映，"言"为实现此目的的工具。相对于广大的世界来说，"名"与"言"存在着自身的局限性。就名言所达到的范围而言，世界可称之为名言之域和超名言之域。孔子对超名言之域有着深刻的认识。《论语·阳货》："子曰：'予欲无言。'子贡曰：'子如不言，则小子何述焉？'子曰：'天何言哉？四时行焉，百物生焉，天何言哉？'"《易经·系辞上》："子曰：'书不尽言，言不尽意。'"

超名言之域既然在语言之外，孔子采取的是现实态度，存而不论；对于名言之域，孔子进行了深入辨析。

在孔子的思想中，"言"是一种手段，同时也是一种目的，对社会起着强大的干涉作用。《论语·颜渊》："子曰：片言可以折狱者，其由也与？"又如，定公问："一言而可以兴邦，有诸？"孔子对曰："言不可以若是其几也！人之言曰：'为君难，为臣不易。'如知为君之难也，不几乎一言而兴邦乎？"（《论语·子路》）在孔子看来，"言"的作用小者可以折狱，大者可以兴邦，对社会的影响巨大。

正面意义的"言"往往与有德者或圣人相关。《论语·宪问》："子曰：有德者必有言，有言者不必有德。"《论语·季氏》："孔子曰：君子有三畏。畏天命，畏大人，畏圣人之言。"此种意义的言，在孔子看来，具有神圣的意味。"太上立言"是一种非常人所能达到的境界。因此，孔子对"言"的态度是非常谨慎的。自孔子始，儒家就形成了慎言的传统。《论语·为政》："子曰：多闻阙疑，慎言其余，则寡尤。"

---

① 《十三经注疏》，北京：中华书局，1980 年版，第 2085 页。

《论语·子张》："子贡曰：君子一言以为知，一言以为不知，言不可不慎也。"与慎言一脉相承，孔子主张罕言、不言。《论语·子罕》："子罕言利与命与仁。"又如，子张曰："书云：'高宗谅阴，三年不言。'何谓也？"子曰："何必高宗，古之人皆然。"（《论语·宪问》）

慎言、罕言、不言是孔子高度称许的品质。《论语·子路》："刚毅木讷近仁。""仁"在孔子，是绝不轻许于人的，以子贡之智、颜回之贤，都难以得到孔子如此称赞，但是仅仅在语言上的谨慎便可以近"仁"，足见孔子对于慎言的重视。

在慎言的基础上，孔子进一步论述如何使用正确的语言。例如，语言使用要注意场合。

孔子于乡党，恂恂如也，似不能言者。其在宗庙朝廷，便便言，唯谨尔。（《论语·乡党》）

朝，与下大夫言，侃侃如也；与上大夫言，訚訚如也；君在，踧踖如也，与与如也。（《论语·乡党》）

食不语，寝不言。（《论语·乡党》）

子曰："邦有道，危言危行；邦无道，危行言孙。"（《论语·宪问》）

子问公叔文子于公明贾曰："信乎，夫子不言不笑不取乎？"公明贾对曰："以告者过也。夫子时然后言，人不厌其言。乐然后笑，人不厌其笑。义然后取，人不厌其取。"子曰："其然？岂其然乎？"（《论语·宪问》）

子曰："可与言而不与之言，失人；不可与言而与之言，失言。知者不失人，亦不失言。"（《论语·卫灵公》）

孔子曰："侍于君子有三愆：言未及之而言谓之躁，言及之而不言

谓之隐，未见颜色而言谓之瞽。"（《论语·季氏》）

以上诸例详细论述了在不同时间、地点以及时代，语言应当采用的不同方式。细致到寝与食，于乡党，在朝廷如何言语，邦有道、邦无道言的态度，《论语》都讲得非常清楚。

除此之外，孔子还特别重视语言内在的诗性和文采。

不学诗，无以言。（《论语·季氏》）

仲尼曰："志有之，言以足志，文以足言。不言谁知其志？言而无文，行而不远。"（《左传·襄公二十年》）

"言"不仅仅是一个表达的问题，"言"的方式还体现了一个人的品质。

子曰："巧言乱德。小不忍，则乱大谋。"（《论语·卫灵公》）

子曰："巧言令色，鲜矣仁。"（《论语·阳货》）

子曰："恶紫之夺朱也，恶郑声之乱雅乐也，恶利口之覆邦家者。"（《论语·阳货》）

子曰："群居终日，言不及义，好行小慧，难矣哉！"（《论语·卫灵公》）

从"巧言""利口""言不及义"等言说方式，可以判定一个人"乱德""鲜矣仁"，说明"言"不可不慎哉！

从上面的例子可以看出，孔子对"言"的要求几近苛刻：讲话要注意场合、要注意时机，甚至要考虑个体所处的时代。此外要体现出文采。

讲话不注意，便有可能是乱德、不仁。在这种情况下，慎言是一种必然选择。慎言的另一原因是："言"必然要落实到行为上，行为则对社会有着重大影响。从这一角度来说，慎言有着高度的现实意义。在孔子那里，"行"与"言"水乳交融，"言"是"行"的前提，"行"是"言"逻辑发展的必然结果。

孔子对"言"与"行"均一丝不苟，要求"言忠信，行笃敬"（《论语·子张》），"言必信，行必果"（《论语·子路》）。对于言行何者为重，孔子在不同场合论述不同："其言之不怍，则为之也难"（《论语·宪问》），把"言"放在"行"之前；《论语·为政》则要求"先行其言而后从之"。总的说来，在言行对举中，"行"占据更重要的地位，所以孔子认为，"君子耻其言而过其行"（《论语·宪问》），"古者言之不出，耻躬之不逮也"（《论语·里仁》）。

"言出乎身，加乎民；行发乎迩，见乎远。言行，君子之枢机。枢机之发，荣辱之主也。言行，君子之所以动天地也，可不慎乎！"（《周易·系辞·上》）这段话将言行抬至动天地的高度，表现了孔子对言行的高度重视，是孔子言行观最准确的总结。

通过对语言的态度，孔子表明了对"名"的态度。"名"与"言"一样，都是必须慎之又慎的。《左传·成公二年》："唯名与器，不可以假人"，即是此中之意。

社会的一系列变动使"名"陷于无序，催化了"名"的自觉意识，使孔子这样的思想家认识到"名"的巨大力量。"名"既然是一种权力、一种秩序，淆乱之名必然是一种打破秩序的暴力。毫无疑问，孔子深刻意识到"名"失去规范的破坏性，才提出正名，希望使淆乱之名重回正轨，力图将"名"的破坏力量转变为建设力量。孔子认为，"行"是最终目的，但是根源在于"名"的混乱，只有解决了根源问题，才能解决社会问题。

以“言”为媒介，孔子构建了“名”思想的桥梁。“名”与“言”是一端，“行”是另一端，前者可归结为“知”，对“名”的内在规范性的认识，包括语言上的认识；其在社会领域中的应用是“行”。“知”与“行”相结合，人们才能跨过名不正言不顺的淆乱世界，走进礼乐的理想世界。

孔子建构了“名”思想的桥梁，但没有对其做形而上的讨论，有框架，但没有体系。在孔子时代，名实混乱的现象相当严重，但如果放在春秋战国几百年的历史中考察，这只是几百年混乱的开始，客观条件决定孔子不可能对“名”展开深入的辨析。理论上的总结直到战国末期，才由公孙龙、荀子等人完成。但是孔子开启了“名”思想路径朝“言”的转向。

第三节　“名”思想的语言转向

“名”思想的语言转向，呈现两条路径：实践之途与理论之途。

儒家文献沿实践之途而下的，《春秋》为其代表。《春秋》是否孔子编撰，争议很多，此不详论，但它与孔子的渊源是毋庸置疑的。它对孔子的名、言思想进行了细致诠释。《论语》涉及“名”的地方较少，但《春秋》不同，整部《春秋》可以说就是阐发名分的，因此《庄子·天下》说：“《春秋》以道名分。”

胡适云：“一部《春秋》，便是孔子实行正名的方法。”[1] 胡适把《春

---

[1] 胡适：《中国哲学史大纲》，北京：东方出版社，1996年版，第85—90页。

秋》正名的方法，分为三层：第一，正名字。《春秋》的第一方法，是要订正一切名字的意义。这是言语学、文法学的事业。第二，定名分。第三，寓褒贬。①

第一层中，胡适点出了孔子正名的关键，即从言的角度正名。胡适将其称之为言语学、文法学的事业。

《春秋·僖公十六年》有一段典型的记叙："春……陨石于宋五。是月，六鹢退飞过宋都。"

对这样一段简短的记叙，《公羊》《谷梁》都进行了大段论述。

董仲舒在《春秋繁露·深察名号》云："《春秋》辨物之理以正其名。名物如其真，不失秋毫之末。故名'陨石'则后其五；言退鹢则先其六。圣人之谨于正名如此。君子于其言，无所苟而已。五石六鹢之辞是也。"②

《公羊》《谷梁》、董仲舒辨析精微，在言的深度上开掘得更深，体现出儒家以言入名的路径和深入发展。董仲舒强调"圣人之谨于正名如此。君子于其言，无所苟而已。五石六鹢之辞是也"，正是承接孔子正名而来。从这一点来说，儒家后学是深得孔子正名特点的。

胡适所说的"定名分"，也是通过语言的区别显示名分的不同，在称谓上体现了鲜明的等级之分、内外之别。春秋时，周室衰微，诸侯纷起，但《春秋》的记叙仍然秉承周初的名分。践土之会，周天子无奈而来，《春秋》讳言"天王狩于河阳"，天子已名存实亡，《春秋》仍以此表明对天子的尊崇；吴楚强势崛起，都已称王，但《春秋》仍贬之曰"子"。这些例子，无一不是通过"言"的把握，达到对"名"的解释和控制。

---

① 胡适：《中国哲学史大纲》，北京：东方出版社，1996 年版，第 85—90 页。
② 苏舆：《春秋繁露义证》，北京：中华书局，1992 年版，第 293 页。

　　所谓"寓褒贬"，便是通过对语言的选择，表达作者的赞赏与批评。通常认为，史书应当尽量站在客观的立场，而《春秋》蕴含强烈的思想感情，痛快淋漓地对历史过客进行褒贬。其使"乱臣贼子惧"，所用的武器正是"言"，依据的标准是"名分"，要达到的目的便是"正名"。

　　褒的例子，如《春秋·隐公元年》："三月，公及邾娄仪父盟于眜。"
　　《公羊传》：

　　及者何？与也，会及暨皆与也。曷为或言会，或言及，或言暨？会犹最也；及犹汲汲也；暨犹暨暨也。及我欲之，暨不得已也。仪父者何？邾娄之君也。何以名？字也。曷为称字？褒之也。曷为褒之？为其与公盟也。与公盟者众矣，曷为独褒乎此？因其可褒而褒之。此其为可褒奈何？渐进也。眜者何？地期也。

　　何休解诂："称字所以为褒之者，仪父本在春秋前失爵，在名例尔。"①可见《公羊传》认为，鲁国是王道所在，邾娄国君主动会盟，表明向善的态度，其后能够不断进德修善。邾国在春秋之前已失去了爵位，按规则应该称名，《春秋》通过称字表明对邾娄之君的赞赏。

　　贬的例子，如《春秋·隐公二年》："春，公会戎于潜。"
　　《公羊传》：

　　夏五月，莒人入向。入者何？得而不居也。无骇帅师入极。无骇者何？展无骇也。何以不氏？贬。曷为贬？疾始灭也。始灭昉于此乎？前此矣。前此则曷为始乎此？托始焉尔。曷为托始焉尔？《春秋》之始也。

───────

① 《十三经注疏》，北京：中华书局，1980年版，第2195页。

此灭也，其言入何？内大恶，讳也。①

或褒或贬，都是在语言的运用上做文章，表达正名的立场，以期干预政治实践。

其后何休阐发春秋大义，归纳为三科九旨。《春秋·隐公元年》徐彦疏：

问曰：《春秋说》云：《春秋》设三科九旨，其义如何？答曰：何氏之意以为三科九旨，正是一物。若总言之，谓之三科，科者，段也；若析而言之，谓之九旨，旨者，意也，言三个科段之内，有此九种之意。故何氏作《文谥例》云：三科九旨者，新周、故宋，以《春秋》当新王，此一科三旨也。又云：所见异辞，所闻异辞，所传闻异辞，二科六旨也。又内其国而外诸夏，内诸夏而外夷狄，是三科九旨也。②

其中"二科六旨"是"所见异辞，所闻异辞，所传闻异辞"，"辞"也就是"言"，表明了言与"名"的密切关系和正名过程重言的旨趣。

通过这些例子，我们可以看出《春秋》在语言使用上的发展。《论语》只是开启了一条新的路径，《春秋》则成为一种常例，"言"与"名"的结合达到了新的高度。

韩非子对"名"的思考，重点依然在于政治实践，同样表现出鲜明的重言特色。

《韩非子·二柄》："刑名者，言与事也。"韩非将"名"的内容归纳为言与事，其逻辑顺序与孔子类似。孔子说："言不顺，则事不

①《十三经注疏》，北京：中华书局，1980年版，第2202页。
②《十三经注疏》，北京：中华书局，1980年版，第2195页。

成。"韩非子将刑名与言、事并提,可以看出孔子的影响。认识到"名"的语言属性,韩非子对概念的含义给予足够重视。《解老》中有不少在语言中缠绕的例子:"虚者,谓其意所无制也""义者,谓其宜也"。韩非子通过定义的方式,给概念一个准确的语言阐释,从而达到正名的效果。

由于韩非子的法家特色,"名"与"言"都带有强烈的实践性。

《韩非子·奸劫弑臣》论述:"人主诚能明于圣人之术,而不苟于世俗之言,循名实而定是非,因参验而审言辞。……此管仲之所以治齐,而商君之所以强秦也。"名实决定是非,关涉言辞,由名实而至言辞,却离不开参验,是否经过参验,关系到政治成败。管仲治齐、商鞅强秦,都是循名实、审言辞、重参验的成功范例。这一特点正如《庄子·天下》云:"以法为分,以名为表,以参为验,以稽为决,其数一二三四是也,百官以此相齿,以事为常。"《主道》说:"故虚静以待,令名自命也,令事自定也。"《扬权》也说:"使名自命,令事自定。"在韩非子的思想中,"名"占有重要的地位,甚至可以说是君主统治的根本。"言"作为"事"的对举,与"事"共同在实践领域发挥作用。三者的顺序由"名"而"言",由"言"到"事"。所以《扬权》说:"用一之道,以名为首,名正物定,名倚物徙。"

《韩非子·解老》:"圣人观其玄虚,用其周行,强字之曰道,然而可论。"王先谦解释说:"惟有名,故可言"。[1]其中的"名",可谓"道"的同义词。无论是"名"还是"道",都离不开语言的表达。只有通过"言",才能进入人的思维,才能成为可以谈论可以领悟的实体,才能进入实践层面。

---

① 王先慎:《韩非子集解》,北京:中华书局,1998年版,第149页。

墨子出于儒门，在"名"思想上受儒家的影响非常明显，从"言"的角度来看，这一特点尤为突出。

今逮夫好攻伐之君，又饰其说以非子墨子曰："子以攻伐为不义，非利物与？昔者禹征有苗，汤伐桀，武王伐纣，此皆立为圣王，是何故也？"子墨子曰："子未察吾言之类，未明其故者也。彼非所谓攻，所谓诛。"（《墨子·非攻下》）

好攻伐之君将禹、汤、武王等圣王的征讨行为称为"攻"，墨子将其称为"诛"，并不仅仅是用词精确的问题，与儒家善用的微言大义一样，"攻"和"诛"，不同的用词背后代表着不同的"名"、代表着不同的价值标准和评判倾向，"名"的一字之差，所反映的实截然不同。

子墨子曰："方今之时以正长，则本与古者异矣。譬之若有苗之以五刑然。昔者圣王制为五刑以治天下，逮至有苗之制五刑以乱天下。"（《墨子·尚同中》）

孔子非常重视"名"的情境化，同一个词在不同的情境中含义大不相同。墨子这里表现了相同的特点。

孔子虽然提出了正名的思想，但尚未完全展开讨论。墨家则明确提出了名实关系的问题，提出了"取实予名"（《墨子·贵义》）的重要观点。"实"即客观事物，"名"即概念。在名实关系上，"实"是第一位的，"名"由"实"演化而来。

《墨子·经说上》说："有之实也，而后谓之；无之实也，则无谓也。"予名是通过"谓"来实现的。《墨子·经说上》指出："所以谓，名也。

所谓，实也。名实耦，合也。""谓"也就是"言"，《经说上》曰："言，谓也，言犹（由）名致。""名"和"实"都离不开"言"这一媒介，"实"是"言"的对象，"名"是"言"的内容。《墨子·经说上》云："言也者，诸口能之，出名者也。"又云："声出口，俱有名，若姓字俪。""言"的作用是出名，并涉及了语音和语义的关系。

这些例子，尽管没有摆脱经验主义语言哲学路线，但对于符号与其所标识的对象之间的关系，已有深刻认识，超越了政治意义的名言关系，进入了纯语言学层面。

后期墨学在名言关系上更进一步，摆脱了前期墨学强调名实对政治与社会的干预，表现了强烈的理论化倾向。

庄子沿理论之途，为先秦"名"思想注入了厚重的内容。庄子是先秦对"名"与"言"思考最为深入的思想家。和孔子一样，庄子也从"言"的角度，对"名"进行了论述。

庄子看到了"言"的区分功能，在此层面上，"言"与"名"是一致的：

天地与我并生，而万物与我为一。既已为一矣，且得有言乎？既已谓之一矣，且得无言乎？一与言为二，二与一为三。自此以往，巧历不能得，而况其凡乎！故自无适有以至于三，而况自有适有乎！无适焉，因是已。（《庄子·齐物论》）

"天地与我并生，而万物与我为一"，是混沌未开之时，物我为一。老子有言："无名，天地之始。"无"名"，自然无"言"。

另外，当人们认识到"万物与我为一"时，必然物我已分，"言"便是物我区分的凭借。与"言"伴生的则是"名"。"一"是世界的一极，

"名"与"言"成为世界的另一极。郭庆藩《庄子集释》曰："夫名谓生于不明者也。物或不能自明其一而以此逐彼,故谓一以正之。既谓之一,即是有言矣。"① 又说："夫至理无言,言则名起。故从无言以往有言,才言则至乎三。"②

《庄子·寓言》："不言则齐,齐与言不齐,言与齐不齐也。"强调了"言"的分别功能。没有"言",世界便处在齐一的状态,物我混同,没有差别。这里的"齐"可以理解为"一",有了言,世界才产生了区分,"一"才找到了自己的对应之物,"一"才称其为一,一才能在差别中显现自己。

相比于孔子对"言"的高度肯定,庄子充分认识到"言"的局限性。庄子之言含有形而上与形而下两种。对形而上者,庄子基本上持否定态度;形而下者,多持肯定态度。

少知曰:"四方之内,六合之里,万物之所生恶起?"大公调曰:"阴阳相照相盖相治,四时相代相生相杀。欲恶去就,于是桥起。雌雄片合,于是庸有。安危相易,祸福相生,缓急相摩,聚散以成。此名实之可纪,精微之可志也。随序之相理,桥运之相使,穷则反,终则始,此物之所有。言之所尽,知之所至,极物而已。睹道之人,不随其所废,不原其所起,此议之所止。"(《庄子·则阳》)

庄子将人类的认识对象分为"物"与"道"。形而下者为"物"。这一层面,名实可纪,精微可志。"言"不仅可以表达,还可以达到精微的深度。值得注意的是,庄子将四时代谢、祸福相生等事物变化的规

① 郭庆藩:《庄子集释》,北京:中华书局,1985年版,第82页。
② 郭庆藩:《庄子集释》,北京:中华书局,1985年版,第82页。

律也归于物的层面，明确指出，名实包含在"物"之中，属于"言"可以把握的对象。

"物"与"道"的大分类中，"名"与"言"被局限在"物"的层面，二者所达到的极限便是"物"；"道"则实现了对"物"的超越，超越了名与言，"不随其所废，不原其所起，此议之所止"。

《庄子·则阳》："有名有实，是物之居；无名无实，在物之虚。可言可意，言而愈疏。"更进一步强调名实物的性质，而道的层面则是无名无实，越是言说，越是偏离真正的道。

在整体思想上，庄子对"言"持怀疑态度，但具体到名实上，庄子则充分肯定了"言"的功能与作用。与孔子相比，同是由言而名，孔子表现了明显的实践旨趣；庄子提升了理论，将名与言置于"物"与"道"的严密系统中，体现了清晰的理论旨趣。

沿着理论旨趣发展的，还有以公孙龙为代表的名家。

关于名家，《汉书·艺文志》指出："名家者流，盖出于礼官。古者名位不同，礼亦异数。孔子曰：'必也正名乎！名不正则言不顺，言不顺则事不成。'此其所长也。及警者为之，则苟钩鈲析乱而已。"班固这段话不仅表明名家与孔子的渊源，更点明了"言"在其学说中的重要地位。

作为名家最著名的人物，名实问题是公孙龙探讨的主要内容，《名实论》说："至矣哉，古之明王！审其名实，慎其所谓。至矣哉，古之明王！"但以正名影响社会政治并非他关注的重点，语言问题才是他学说的核心内容。从语言的角度切入正名，公孙龙走了与孔子相同的路径。有所不同的是，孔子展现的是实践旨趣，公孙龙贡献给我们的是严密的理论体系，这一理论体系的核心是语言。

《名实论》说："夫名实，谓也。"公孙龙明确指出：名实问题是一个称谓问题。换言之，"名"所关涉的是语言问题。①

《指物论》是公孙龙理论的纲领性篇章。《指物论》号称难懂，但有一点毫无异议，那就是整篇讨论的是世界与语言表达的关系问题。刘利民认为："公孙龙的《指物论》旨在澄清事物、语言与人的思想之间的关系，说明人对世界的把握不是就具体的物而进行的，而是通过语言概念而进行的。"②

《指物论》是关于"名"的理论纲领，《名实论》《白马论》等篇则是这一理论指导下对具体称谓问题的探讨。

《名实论》讨论了命名的正确性问题。"其名正，则唯乎其彼此焉。谓彼而彼不唯乎彼，则彼谓不行；谓此而此不唯乎此，则此谓不行。"先秦诸子大多很关注语言的准确性问题。孔子从鲜活的情境中阐述如何准确使用语言；庄子从哲学的根本处审视语言，将言与道联系在一起；公孙龙则在理论上提出了语言的确定性问题，强调语言与事物本质规定性的完全一致，即"其名正，则唯乎其彼此焉"，进入了现代意义上的语言学范畴。

《白马论》："马者，所以命形也。白者，所以命色也。命色者，非命形也，故曰白马非马。""马者无去取于色，故黄、黑皆所以应。白马者，有去取于色，黄、黑马皆所以色去，故唯白马独可以应耳。无去者非有去也。故曰：白马非马。"

公孙龙分析了命形、命色指称对象的不同，白马、马内涵与外延的不同，论证了"白马非马"。公孙龙当然知道生活实践中白马是马，他

---

① 此处标点，学界多有争议，另一种标点为"夫名，实谓也。"笔者认为"夫名实，谓也"更符合公孙龙的原意。具体分析，参见刘利民：《在语言中盘旋》，成都：四川大学出版社，2007年版，第224—239页。

② 刘利民：《在语言中盘旋》，成都：四川大学出版社，2007年版，第252页。

提出这样一个背离经验世界的命题，出发点绝不是为了"胜人之口"，而是提醒人们注意语言表达的本质与规律、懂得语言与世界的疏离，以便从纯语义的角度更加贴近世界，达到正名的目的。

值得指出的是，同样走在语言转向的路途上，儒、墨、道、名、法各家特点大不相同。儒、墨、法三家表现了突出的实践旨趣，道、名两家理论旨趣更为突出。

从历时性角度来看，战国前期，活跃在社会舞台上的主要是儒家和早期墨家。他们对"名"与"言"的关注集中在如何解决名实紊乱的社会问题，表现出鲜明的实践倾向，理论化程度较低。战国中后期，在较长时间的实践后，有了理论探讨的条件，从而促成了实践向理论的转变。名家、道家以及后期墨家是代表。对"名"与"言"，他们从概念的确定、内涵的范围等方面进行了语言和哲学上的讨论，为中国思想增添了丰富的语言与哲学内涵。战国末期，社会结构趋于稳定，理论探索的土壤逐渐消失，"名"与"言"也逐渐刑法化，回复到制度层面，成为维护社会秩序、巩固上层建筑的重要工具。

"成命百物"，最早见于《国语》，但其从萌芽、发展至形诸文献，经历了漫漫长路。这条长路是原始人类走出蒙昧的长路。孔子之后，"名"思想的语言转向源于社会结构的大变革。社会结构的变革使原本稳定的"名"陷于混乱，语言转向正是对这种混乱的回应。这种回应理论上深化了"名"在语言学、本体论等方面的认识，并在一定程度上消弭了社会动荡，为社会的大一统做好了准备。

第二章 老子的「名」思想

　　"名"在《老子》中是一个重要概念，它与"道""德"构成了思想史发展的链条，由此形成了道家"名"思想的重要特色。

第一节　　"名"的内涵

　　"名"在《老子》中多次出现，含义并不相同，主要可分为以下几类。

一、名声、名誉

　　《老子》曰："名与身孰亲？身与货孰多？得与亡孰病？是故甚爱必大费，多藏必厚亡，知足不辱，知止不殆，可以长久。"（第四十四章）"名与身孰亲"中"名"的含义是"名声"。对于"名声"，老子持明确的否定态度。此处以反问的方式提出问题："名声和生命哪一个更亲近？"答案不言而喻：生命比名声更重要。王弼注："尚名好高，其身必疏"。[①]过于注重名声，必然危及生命，所以说："甚爱必大费，多藏必厚亡。"过分地爱名就必定要付出重大的耗费，过多地藏货就必

[①] 楼宇烈：《老子道德经注校释》，北京：中华书局，2008年版，第121页。

定会招致惨重的损失。因此老子劝说人们对于名声的追求要适可而止，"知足不辱，知止不殆，可以长久"。第三十九章曰："故贵以贱为本，高以下为基。是以侯王自称孤、寡、不谷。此非以贱为本邪？非乎？故致数舆无舆，不欲琭琭如玉，珞珞如石。"对名声做了进一步的否定，认为"数舆无舆"，并以侯王对自己的称呼为例，说明为何不追求名声，推崇贵以贱为本。第四十二章帛书本有类似的内容"而王公以自名也"，第九章河上本傅本有"功成名遂身退"的句子，据郑良树考证，应为"功成身退"。[①] 从第三十九、第四十四章可看出，老子对于名声持否定态度，名遂身退绝非其追求目标，可证此处为后人所加。

二、名称

在这些对"名"的论述中，老子已经超越了自然之名，而将事物的规律融进"名"的含义之中。孔子论"名"兼及"草木鸟兽之名"[②]，在《老子》中，没有一例这样的用法。人们总结老子的"名"思想为"无名"，如汪奠基说："至于老子则主'无名'…… 老子则学以无名为务，其目的专在揭露统治阶级正名实的政治矛盾。"[③] 而事实上，在《老子》中对"名"的肯定比比皆是。

> 始制有名，名亦既有，夫亦将知止，知止所以不殆。譬道之在天下，犹川谷之于江海。（第三十二章）

[①] 转引自刘笑敢：《老子古今：五种对勘与析评引论》，北京：中国社会科学出版社，2006年版，第156页。

[②]《论语·阳货》。

[③] 汪奠基：《老子朴素辩证的逻辑思想——无名论》，武汉：湖北人民出版社，1958年版，第19页。

王弼注：始制，谓朴散始为官长之时也。始制官长，不可不立名分以定尊卑，故始制有名也，过此以往将争锥刀之末，故曰，名亦既有，夫亦将知止也，遂任名以号物，则失治之母，故知止所以不殆也。[1] 傅山说："'始制有名'，'制'即'制度'之'制'，谓治天下者初立法制……后世之据崇高者，只知其名之既立，尊而可以常有。"[2]

自今及古，其名不去，以阅众甫。吾何以知众甫之状哉？以此。（第二十一章）

王弼注："众甫，物之始也。"[3] "自今及古，其名不去"，不仅肯定了"名"存在的必要性，更强调了"名"的永恒性。"名"的存在是了解物的先决条件。

道之为物，惟恍惟惚。惚兮恍兮，其中有象；恍兮惚兮，其中有物。窈兮冥兮，其中有精；其精甚真，其中有信。（第二十一章）

"道"恍恍惚惚，难以了解，"物"在道中同样是"恍兮惚兮"，"物"是如何显现的呢？只有借助"名"。命名的过程就是区分显现的过程，由此看来，是"名"架起了由道至物的桥梁。

当然，命名是一个艰难的过程，命名的历史是人类认识能力不断提高的过程。在老子看来，即使是在极端困难的情况下，人类仍然可以进行命名。《老子》第一章说，"道可道，非常道。"尽管如此，老子还

---

[1] 楼宇烈：《老子道德经注校释》，北京：中华书局，2008 年版，第 81 页。

[2] 傅山：《霜红龛集（卷三十二）》，太原：山西古籍出版社，1985 年版。

[3] 楼宇烈：《老子道德经注校释》，北京：中华书局，2008 年版，第 53 页。

是努力为"道"进行了言说与命名。第十四章：

> 视之不见，名曰夷；听之不闻，名曰希；搏之不得，名曰微。此三者，不可致诘，故混而为一。其上不曒，其下不昧。绳绳不可名，复归于无物。是谓无状之状，无物之象，是谓惚恍。迎之不见其首，随之不见其后。执古之道，以御今之有。能知古始，是谓道纪。

老子认为"道常无名""其上不曒，其下不昧，绳绳不可名"，但仍然自相矛盾地为"道"从"视""听""搏"三方面进行了命名，把它们分别称为"夷""希""微"，老子的这种矛盾显示了在认识过程中人类对"名"的依赖。尽管"夷""希""微"仍然无法完全显现"道"，但至少人们窥见了"道"的一部分。从这个意义上来讲，"名"是无法否定的。实际上，老子非常重视"名"，并希望达到"恒名"的境界。这种相反相成在第一章中表现得最为明显。

> 道可道，非常道。名可名，非常名。无名，天地之始；有名，万物之母。

天地之始的"无名"并非真的"无名"，而是有一个常名的，但是人类的认识能力还没有达到为它确立一个常名的程度，因此只能称为"无名"，"无名"即为"名"，而在万物形成的世界中，"名"成为万物不可或缺者，万物都必须依赖"名"才能走入人的认识，没有"名"，没有对事物的概念与把握，便没有万物，因此说"有名，万物之母"。

在阐述"名"的概念中，老子与荀子的看法截然不同。荀子认为"名"是约定俗成的，也就是说，"名"是可以不断变化的，而老子却极力追求常名，老子认为的"名"，包含着事物最本质的规律。除此之外，《老子》中有许多肯定"名"的语句："常无欲，可名于小"（第三十四章），"强为之名曰大"（第二十五章），"是以圣人不行而知，不见而名，不为而成"（第四十七章）。

对事物的命名，除了"名"之外，《老子》还使用了"字"这一词语："吾不知其名，字之曰道"（第二十五章）。有时用"谓"："同谓之玄"（第一章）。

有学者认为老子的"名"思想可以归纳为"无名"，即否定了"名"的有效性。这种认识是不准确的。《老子》对无名的论述有以下几处。

（1）道可道，非常道。名可名，非常名。无名，天地之始；有名，万物之母。（第一章）

（2）道常无名，朴虽小，天下莫能臣也。侯王若能守之，万物将自宾。天地相合，以降甘露，民莫之令而自均。（第三十二章）

（3）道常无为而无不为。侯王若能守之，万物将自化。化而欲作，吾将镇之以无名之朴。镇之以无名之朴，夫将不欲。不欲以静，天下将自正。（第三十七章）

（4）上士闻道，勤而行之；中士闻道，若存若亡；下士闻道，大笑之。不笑不足以为道。故建言有之：明道若昧；进道若退；夷道若纇；上德若谷；广德若不足；建德若偷；质真若渝；大白若辱；大方无隅；大器晚成；大音希声；大象无形；道隐无名。夫唯道，善贷且成。（第四十一章）

上述无名，无一例外都是对"道"的描述，而不是否定"名"本身。此外第十四章"视之不见，名曰夷；听之不闻，名曰希；搏之不得，名曰微。此三者不可致诘，故混而为一。其上不曒，其下不昧。绳绳不可名，复归于物。是谓无状之状，无物之象，是谓惚恍。迎之不见其首，随之不见其后。"这里的"不可名"，也是针对"道"而言的。

《老子》一书，无论王弼本、河上本、傅本，还是帛书本、竹简本，都没有对"名"进行过否定，《老子》不仅肯定了"自古及今，其名不去"，而且对最难以命名的"道"进行了命名。詹剑峰认为："在《老子》中，"道"与"名"是有机相连的，从一个范畴推出另一个范畴，循序递进，合而分，分而合，前后一贯。老子建立道与名之后，随即以'无'名天地之始，以'有'名万物之母，以'玄'名'有''无'之合，其名多矣。然世人竟谓老子'主无名'，'常名，不可命'等等，其谬显然！"①

那么，在老子的思想中，"名"是否形成了完整的体系呢？

首先，老子肯定"名"的存在与作用。"自今及古，其名不去，以阅众甫"（第二十一章），"名"的作用体现在"道"及由"道"化生的"万物"两个层次。在"万物"层次上，"有名，万物之母"（第一章），万物都离不开"名"，这其中包含两方面的含义：一为"名"起着区别、指认的作用，对于人类而言，只有将物区别、指认出来，物才谈得上存在。二为命名不仅仅是指认，同时是对事物本质的认识和表达。在物的层次上，"名"是确定而精确的，如"衣养万物而不为主，可名于小；万物归焉而不为主，可名为大"（第三十四章），老子用毫不犹豫的语言进行了肯定。在"道"的层次上，"名"的作用大为减弱。"名可名，非常名"认为完全符合"道"的"名"是难以企及的。老子多处否定了"名"对"道"的能力与作用："道恒无名""绳绳兮不可名""无

① 詹剑峰：《老子其人其书及其道论》，武汉：湖北人民出版社，1982年版，第194页。

名，天地之始"都是说"名"在"道"之前无能为力。另外，老子没有放弃用"名"对"道"进行描述的努力："吾不知其名，强字之曰道，强为之名曰大。"（第二十五章）尽管知道"名"无法到达这一层次，还是勉强将其命名为"道"和"大"。老子还试图更加精确地对"道"进行命名："视之不见，名曰夷；听之不闻，名曰希；搏之不得，名曰微。"（第十四章）"道之出口，淡乎其无味，视之不足见，听之不足闻，用之不足既。"（第三十五章）

对于《老子》第一章，刘笑敢将早出的帛书本与晚出的王弼本、河上本、傅奕本在文字上进行了比较，认为"帛书本作'道，可道也，非恒道也。名，可名也，非恒名也'，则对道之可道的一面与名之可名的一面似有一定的肯定，意味着道之可道与不可道，名之可名与不可名之间构成的辩证的同一而不是单纯地对一方的否定，这似乎更符合《老子》的辩证思想和自然圆融的风格。"①

对于"有名""无名"，他认为："'无名'即宇宙起源之不可道、不可名，亦即不可认识的一面或无法回溯的初始阶段；'有名'即万物之宗之可道、可名，亦即可以认识的一面或万物生发之后的阶段。老子认为，宇宙之本根及万物之演变既有可以认识描述的一面和阶段，又有超越常规认知能力，因而不可认识、不可描述的一面或阶段。或许我们可以进一步说，'无名'表现了宇宙之无限的特征，而'有名'则表现了无限中所含之有限。"②

成中英持的看法与此类似，他认为："老子把'道'看成'无'，或者认为对老庄而言，'有'乃生于'无'，都是错误的看法。'道'

---

① 刘笑敢：《老子古今：五种对勘与析评引论》，北京：中国社会科学出版社，2006年版，第92页。

② 刘笑敢：《老子古今：五种对勘与析评引论》，北京：中国社会科学出版社，2006年版，第98—99页。

绝不是'无'的同义字，而'有'也绝非从'无'而来。细心研读《道德经》即可发现，'道'同时涵盖了'有'与'无'；《道德经》上说得很清楚，'有''无'之名谓虽然不同，它们在彼此间以及其与自然、人类的关系中，亦各有其不同的作用，但二者皆出于那不可形容、无以名状的'道'。"①"有"与"无"如此，"名"与"无名"也是如此。

老子的"道"与"名"还是两个独立的概念，二者之间还没有相互转化。第三十八章说："故失道而后德，失德而后仁，失仁而后义，失义而后礼。"其中并没有涉及"名"，到《鹖冠子》，才把"名"作为转换的重要一环。

第二节　名与德

老子的"名"，是针对周文疲弊的一种反思，与"德"有着密切联系。对于"德"的原始含义，李泽厚认为："它的原义显然并非道德，而可能是各氏族的习惯法规。"②"'德'似乎首先是一套行为，但不是一般的行为，主要是与以氏族部落首领为表率的祭祀、出征等重大政治行为。它与传统氏族部落的祖先祭祀活动的巫术礼仪紧密结合，逐渐演变成为维系氏族部落生存发展的一整套的社会规范、秩序、要求、习惯等非成文法规。"③

从这种意义上说，"德"与"礼"具有类似的作用。郑开说："据

---

① 成中英：《易学本体论》，北京：北京大学出版社，2006年版，第132页。
② 李泽厚：《新版中国古代思想史论》，天津：天津社会科学院出版社，2008年版，第72页。
③ 李泽厚：《新版中国古代思想史论》，天津：天津社会科学院出版社，2008年版，第72页。

此，我们推测：西周春秋时期的'德'其实就是礼的一部分，而不仅仅表现为观念形态。"① 同时，郑开认为：

"德为氏姓"，古已有说。《国语•晋语四》曰：黄帝之子二十五人，其同姓者二人而已；唯青阳与夷鼓皆为己姓。青阳，方雷氏之甥也。夷鼓，彤鱼氏之甥也。其同生而异姓者，四母之子别为十二姓。凡黄帝之子，二十五宗，其得姓者十四人为十二姓。姬、酉、祁、己、滕、箴、任、荀、僖、姞、儇、依是也。唯青阳与苍林氏同于黄帝，故皆为姬姓。同德之难也如是。昔少典娶于有蹻氏，生黄帝、炎帝。黄帝以姬水成，炎帝以姜水成。成而异德，故黄帝为姬，炎帝为姜，二帝用师以相济也，异德之故也。异姓则异德，异德则异类。异类虽近，男女相及，以生民也。同姓则同德，同德则同心，是故娶妻避其同姓，畏乱灾也。故异德合姓，同德合义，义以导利，利以阜姓。②

从上述两点可以看出，早期的"德"与"名"具有密切的联系。姓氏作为名的一种形式，是以"德"进行分类的，"同姓则同德"。"德"作为"社会规范、秩序、要求、习惯等非成文法规"，与"礼"有着相近的作用，但是比"礼"的起源更早。"礼"与"名"有着更直接的关系。甘怀真说：

就先秦礼观念演变的课题而言，我们或可将观察的重点置于礼作为一语言符号，随着时代的发展，各种不同却相关的思想要素不断被汇入，其整体的意义也不断被改变。如本文所论，礼字的最原始意义当为祭祀。

---

① 郑开：《德礼之间：前诸子时期的思想史》，北京：三联书店，2009 年版，第 93 页。

② 郑开：《德礼之间：前诸子时期的思想史》，北京：三联书店，2009 年版，第 221 页。

因为祭祀的神圣性而发展出各种行为规范……结合战国中期的天文、历法等知识的演进,人们有了宇宙整体秩序的概念,这种概念也发展出数、量、名、实的概念。这些概念与礼观念结合,而有了名分秩序的观念。[①]

可见"名"与"德""礼"分别结合,沿着两条不同的路线向前发展。"名"与"德"相结合,发展成老子的"名"思想,"名"与"礼"相结合,演进为孔子的"正名"思想。二者起源相似,但呈现的特色却大相径庭。

钱钟书在《管锥篇》中说,古人言"德",有二义,其一,指行为之美善者(Tugend),如《论语·里仁》:"德不孤"。其二,指性能之固特者(Eigenschaft),即本性,属性的意思。《老子》第五十一章:"道生之,德畜之……夫莫之命而长自然",王弼注:"道者、物之所由,德者、物之所得也"[②],在《老子》中,这两种含义同时使用,但后者居多,指本性时往往偏重于其内在运动规律,正是这种运动规律,才使之由"性"而"生"。

老子强调"名"的本质属性,孔子强调其外在规定。孔老表现了完全不同的"名"思想进路。

针对周文的疲敝,孔子寄希望于人的能动性,老子则主张回到事物本身,回到自然。《老子》中"名"与"德"结合,抛弃了社会规范的内涵,引入了"道"的观念,将"德"的规范升华为接近于"道"的内在规律性,着重强调了"德"法自然的一面。

《老子》中,"德"具有多方面的含义。部分用法与儒家提倡的道

---

① 甘怀真:《皇权、礼仪与经典诠释:中国古代政治史研究》,上海:华东师范大学出版社,2008 年版,第 25 页。

② 钱钟书:《管锥编》,北京:中华书局,1979 年版,第 932 页。

德意义相同，指人的品德，更多的时候，指的是"德"在"道"方面的特征。

> 道生之，德畜之，物形之，势成之。
>
> 是以万物莫不尊道而贵德。
>
> 道之尊，德之贵，夫莫之命而常自然。
>
> 故道生之，德畜之；长之育之；成之熟之；养之覆之。生而不有，为而不恃，长而不宰。是谓玄德。（第五十一章）

张岱年说："老子说：'道生之，德畜之，物形之，势成之。'一物由道而生，由德而育，由已有之物而受形，由环境之情势而铸成。道与德乃一物之发生与发展之基本根据。《庄子·天地》说：'物得以生谓之德。'德是一物所得于道者。德是分，道是全。一物所得于道以成其体者为德。德实即是一物之本性。"① 冯友兰说："老子认为，万物的形成和发展有四个阶段。首先，万物都由'道'所构成，依靠'道'才能生出来（'道生之'）。其次，生出来以后，万物各得到自己的本性，依靠自己的本性以维持自己的存在（'德畜之'）。"②

张岱年和冯友兰都认为，"德畜之"的"德"指的是万物的本性。张岱年更慧眼独具地指出，"德乃一物之发生与发展之基本根据"。正因为"德乃一物之发生与发展之基本根据"，才能发展为"德畜之"，并进一步"长之育之；成之熟之；养之覆之"，这是"德"作用于物的结果。这个结果不是靠人为的努力而得到的，老子特别突出了"德"自然的特点，强调"夫莫之命而常自然"。其最高境界是"生而不有，为

---

① 张岱年：《中国哲学史大纲》，南京：江苏教育出版社，2005 年版，第 52 页。

② 冯友兰：《中国哲学简史》，北京：北京大学出版社，2003 年版，第 101 页。

而不恃，长而不宰"，老子称之为"玄德"。"含'德'之厚，比于赤子。毒虫不螫，猛兽不据，攫鸟不搏。"（第五十五章）"德"厚者犹如婴儿，婴儿是最自然的人，他的所作所为都本乎天性。此处的"德"不是指人的高尚品德，仍然在强调其自然的一面。

上德不德，是以有德；下德不失德，是以无德。

上德无为而无以为；下德无为而有以为。

上仁为之而无以为；上义为之而有以为。

上礼为之而莫之应，则攘臂而扔之。

故失道而后德，失德而后仁，失仁而后义，失义而后礼。

夫礼者，忠信之薄，而乱之首。

前识者，道之华，而愚之始。是以大丈夫处其厚，不居其薄；处其实，不居其华。故去彼取此。（第三十八章）

此种"德"表现在"名"上，使得"名"也包含事物本然性的内容，体现了万物最深层的规律。常名即其表现之一。

第三节　名与道

在老子这里，"名"显现出层次性，也显示出局限性。老子的"名"分为两层，"物"的层次和"道"的层次。在"物"的层次，"名"是确定不移的；在"道"的层次，"名"具有极大的局限性。"名"在道面前显示了无力感，这种无力既是人类认识的无力，也是表达能力的无力。但在"道"面前，"名"并非完全"无名"，老子仍然要"强为之名"，仍然要描绘"道"的种种性状，由此可以看出"名"的不可或缺。

一、名止于道

道常无名朴。虽小，天下莫能臣。侯王若能守之，万物将自宾。

天地相合，以降甘露，民莫之令而自均。

始制有名，名亦既有，夫亦将知止，知止可以不殆。

譬道之在天下，犹川谷之于江海。（第三十二章）

唐陆希声注曰："所谓始者，即无名也。夫唯无名之体，故能制有名之用，亦既有名，名将游矣。故亦将知止，止其所也，游止其所，名止其实，事止其理。知止而止，故不至危殆。然则所谓名止其实，亦实其名也，故循名而督实，按实而定名。名实相当则国治，名实不当则国乱。名生于实，实生于名，名实相生，反相为情，故有道之君操契以责名。名者，天下之网，圣人之符。张天下之网，用圣人之符，则万物之情无所逃矣。故审其名以复其实，考其实以正其名，则是非之见若白黑。故判为两，合为一，是非随名实，赏罚随是非。是以见其象，致其形，循其理，正其名，故曰名自命，则事自定也。因名命之，随事正之。故尧之治天下也，以名，其名正而天下治；桀之治天下也，亦以名，其名倚而天下乱。故名者，圣人之所重也。"[1]

詹剑峰认为，这章大意是："道自然、无名之朴。迄朴散而为器，因器以制名，故曰，'始制有名'。既然有了器之名，夫亦将知止，究竟止于什么呢？止于实。故庄周曰'名止于实，义设于适，是之谓条达'。

---

[1] 陆希声：《道德真经传》，见阮元：《宛委别藏》，南京：江苏古籍出版社，1988年版，第49页。

知名之止于实，那就不困了，故曰'知止所以不殆'。由此可见，老子'立名'的准则，是在'名止于实'。"①

詹剑峰注意到老子对"名"的肯定，这是正确的，但引庄子的"名止于实"，将其作为老子的思想，似有过度发挥之嫌。"始制有名，名亦既有，夫亦将知止"，到底止于何处呢？本章开始便说"道常无名"，最后一句"譬道之在天下，犹川谷之于江海"，以"道"进行比喻，紧接着在"始制有名，名亦既有，夫亦将知止，知止可以不殆"之后，明显是对"夫亦将知止"的解说，那么我们可以确定老子认为"夫亦将知止"将止于"道"，也就是说，名止于道，老子中并无涉及"实"的内容。

二、道隐无名

第三十二章指出："道常无名"，第四十一章提出："大象无形，道隐无名。"

1. 名可以强以名道

第一章"道可道，非常道"，认为可道之道不是常道，但也承认"道可道"。"道"通过什么"可道"？自然是通过"名"。尽管"名"还无法表达"常道"，但"非常道"却属于"名"可以命名与描述的内容。第二十五章"吾不知其名，强字之曰道，强为之名曰大"，第三十五章"道之出口，淡乎其无味，视之不足见，听之不足闻，用之不足既"，表达的都是这种意思。

2. 名具有道的部分特性

老子之名，强调物的本然性，甚至包含物的运行规律，这一点具有道的部分特性。如"无名之朴""有名，万物之母"。《老子》第一章

---

① 詹剑峰：《老子其人其书及其道论》，武汉：湖北人民出版社，1982年版，第380页。

"道可道，非常道。名可名，非常名"中的"常名"，令很多注释者费解，如果从"道的部分特性"这一角度出发，这一问题就可迎刃而解。对"名可名，非常名"中"常名"，曹峰师认为：

> 今本《老子》首章的形成可能和名的政治思想在战国时期大为流行有关：看上去是在讲"常道""常名"不可道、不可名，实际上想说的是"道"和"名"是现实政治中最关键的两个要素，只有执道者才能把握"不可道"的"道"、"不可名"的"名"。这里虽然说的是"道"之"名"，但在突出"道"无名的前提下，又特别提出"常名"的问题，可能和"名"的重要性大大提高有关。以至于其强调圣人既要执"道"，同时也要执"道"之名，就像《太一生水》所说的那样，"以道从事者，必托其名"。
>
> 甚至可以假设，今本《老子》首章的"道可道，非常道。名可名，非常名"在郭店楚简中尚不存在，它是在"名"的讨论大为盛行、"道""名"关系得到高度重视之后才形成的。①

这种说法为我们理解"常名"提供了新思路，但是这种理解如果成立，必须满足双重前提：《老子》晚出；"名可名，非常名"在早期传本中尚未存在，是后来受"名"思潮的影响而添加的。同时满足二者的可能性是非常小的，尤其是第二个条件。郭店楚简《老子》并非完整的传本，只有今本《老子》的五分之二，我们无法确定"名可名，非常名"在早期传本中是否存在，更重要的是，《老子》首章几乎全部在论述"名"的问题。

---

① 曹峰：《〈老子〉首章与"名"相关问题的重新审视——以北大汉简〈老子〉的问世为契机》，载《哲学研究》2011 年第 1 期。

道可道，非常道。名可名，非常名。

无名，天地之始；有名，万物之母。

故常无欲，以观其妙；常有欲，以观其徼。

此两者，同出而异名，同谓之玄。玄之又玄，众妙之门。

刘笑敢对此有精辟的分析：

本章的中心内容与"道"有密切关系，但直接讨论的却不是"道"本身。第一句"道，可道也，非恒道也"提到"道"之可道与不可道，涉及言说或认知问题，带有起兴的意味。下一句就直接转入认识与表达问题："名，可名也，非恒名也。"第三、第四句紧承上文可名与不可名的问题，进一步讨论"无名"与"有名"的问题，二者名称概念不同，但都是描述宇宙本根之特性的，即"万物之始"和"万物之母"的认识论属性。下面第五、第六句讲"观其妙"与"观其徼"更是直接讨论宇宙本原的认识问题。以"恒无欲"之心观万物本根"无名"之妙，以"恒有欲"之心观万物本根"有名"之所归。"无名"与"有名"同是宇宙之本根的属性，概念相反、所指相同，所以是"异名同谓"。相反而相通，可知又不可知，所以是"玄之又玄"，代表了"众妙之门"的根本特征。这样来理解，本章所讨论的主要对象就是"万物之始"和"万物之母"，而概括其特征的主要概念就是"无名"与"有名"。①

可见本章中心内容讨论的是"无名"与"有名""道可道，非常道。

① 刘笑敢：《老子古今：五种对勘与析评引论》，北京：中国社会科学出版社，2006年版，第100页。

名可名，非常名"与其后语句有密不可分的联系，认为这一句后出的假
设似有不通。《老子》中有类似的章节，第三十四章："大道泛兮，其
可左右。万物恃之以生而不辞，功成而不有。衣养万物而不为主，常无欲，
可名于小；万物归焉而不为主，可名为大。以其终不自为大，故能成其
大。"从"大道"讲到"常无欲"再到"可名于小"，与第一章有很高
的相似度。两处同为后出的可能性几乎不存在。第三十二章讲"道常无
名""始制有名"，也是把"道"与"名"联系到一起。可见"道""名"
关系在老子中很受重视。战国后期"道""名"关系的大讨论是"果"，
《老子》是"因"，不能以"因"为"果"。

对于"名"，孔子重视的是"名"在政治上延伸出的名分、等级以
及由此而规定的礼仪，庄子从"齐物"的角度认为无可无不可，荀子认
为"名"是约定俗成的。老子的"名"思想没有在逻辑和语言学方向上
做深入探索，而是看重其内在本质，老子强调的是"名"的内在规律，
因此才将"名"放在"道"的后面。从这个意义上讲，常名，指的是完
全反映事物内在规律的"名"，正如"道"是人们无法完全认识的一样，
人类也无法用"名"来完全反映事物的规律。老子认识到事物规律的无
穷和人类认识的有穷，"名可名，非常名"反映了人类认识能力的局限。
这是老子对事物规律和人类认识能力的哲学思考，在科学高度发达的今
天，我们无奈地发现，人类认识的范围越广、认识的程度越深，人类所
不知道的东西就越多。回头看老子的论断，我们不能不承认老子认识的
深刻。

在"名"与"道""德"的关系上，"名"包含两方面的内容，一
种是对有形之物的命名，另一种是对事物运行规律的言说。前者为形而
下者，老子承认人类对其认识的能力和表现的能力，后者为形而上者，
这是老子关注的重点，后者与"德"和"道"共同构成了老子哲学理论

的塔尖，它们都包含着事物本质的规律，但层次有所不同。"道"是最高的规律，失"道"而后"德"，"德"在其次，"名"在最后。"道"无所不包，"德"侧重于物质的本源，"名"侧重于认识的本源。"名"与"德"原本都反映社会的外在规范，在老子这里，将它们提升为反映万物内在规律的范畴，成为先秦思想发展的重要一环。

第三章　庄子的「名」思想

　　庄子生活的时代为战国中后期，距离老子、孔子有一二百年时间。一方面，庄子的"名"思想表现出对老子的继承，主要体现在将"名"的内涵在"道"的深度与广度上进一步发展，并提出了"齐物"的观点；另一方面，表现了对孔子"名"思想的批判，强烈反对孔子以"礼"为核心的"名"思想，发展了"无名"的理论。

　　《庄子》通常被视为剽剥儒墨的作品。事实上，《庄子》一书，除了剽剥儒墨之外，尚有大量反对名辩的内容，其比重不亚于反儒墨的内容，剽剥儒墨和反对名辩，构成了《庄子》的两个重要支撑点。剽剥儒墨，涉及墨家的内容屈指可数，主要是对儒家提倡的仁义等道德观念进行批判，而儒家的仁义等道德观念，都包含在礼的框架之下。礼是儒家"名"思想的重要特色，礼是"名"的一种形式，儒家提倡正名，所依据的标准便是礼，而庄子反对的，正是这种以礼为据划分等级、订立名分的思想。剽剥儒墨和反对名辩，指向的都是"名"，可见"名"思想在庄子中的分量。陈启云对此深有洞见，他认为："孟子和中期墨学以及老庄，都注重抽象纯理的'名辩'，比较接近名家，而和后期的墨学、荀子、邹衍和韩非等注重客观现象和实质世界的条理和法则的倾向很不同。"[①]庄子为什么注重名辩，乃至接近于名家，陈启云的解释是儒家思想对道

---

① 陈启云：《中国古代思想文化的历史论析》，北京：北京大学出版社，2002 年版，第 160 页。

家思想的影响。他分析说:

孟子的"理想"主义和对"理想和现实关系"的论述,在先秦思想中是影响深远、波澜不绝的。名家、中期墨辩、《老子》《庄子》以至荀子,关于"名"(理想、观念)"实","指"(旨)"物"(或"旨""指")的辩论都可以说是因此而发。《庄子》内、外、杂篇中关于"齐物"的直接和间接的议论,和转用惠施的诡辩引申出来的"万物毕同毕异""泛爱万物,天地一体"的说法,也可以说是针对孟子"义有等差,各有所宜"(理想中的等差观念)而引发的"亲亲"(现实社会中的等差),"劳心劳力"(现实政治中的等差)和"分工合作"(现实经济中的等差,如井田、关市和孟子批评许行上下并耕的话)的主张。一般地说,《庄子》书中比较纯哲学性的理论(以内篇为著),可能是针对这些问题的反应。①

陈启云认为:

从研究道家思想史上看,这些文字占《庄子》全书篇幅三分之一,足见儒家思想对后期道家思想影响的深远。在研究思想史线索上,有所谓"反面影响"的线索。乙思想家对甲思想家攻击批评得越多和越激烈,反映出甲思想对乙思想的影响越大、越深,或者甲思想在当时的声势和影响力的巨大,构成对乙思想的严重威胁。这种影响和威胁,后果很复杂。有时乙受了甲的影响,有意无意中采纳了甲思想的一部分或修正了本身的思想;有时乙受到了甲的冲击,变成了更激烈和更坚定地维持了

---

① 陈启云:《中国古代思想文化的历史论析》,北京:北京大学出版社,2002年版,第169页。

本身思想；有时甲乙互相冲击而产生了突破性的新思想。从《庄子》书中的这些文字上看，儒道二家对于"内外""天人"等种种问题的论辩，使儒道二家对"思想""行动""真理""价值""意义"的主观和客观、精神和物质、整体和个别、必然和偶然、是非、成败、得失、善恶的分野和其间的错综复杂关系层面，都有进一步的探索。[①]

对于儒家思想对后期道家思想的影响，陈启云先生以"反面影响"进行解释，非常具有启发性。《庄子》"名"思想受儒家思想的影响巨大，这一点往往被大多数学者所忽略，陈启云先生慧眼独具，但是把影响《庄子》讨论"名"的原因全部归于儒家，则似有不妥。《庄子》一书中，惠施是一个非常重要的人物。与庄子交往最多的人，当属惠施。

《庄子》中记载了很多庄子与惠施论辩的故事，《庄子·天下篇》更是大段介绍了惠施的学说。这些都足以证明惠施对庄子的影响，这种影响正是陈启云先生所说的"反面影响"，既受到庄子的批判，又不可避免地直接影响了庄子。庄子的《齐物论》，主要是由惠施的"万物毕同毕异""泛爱万物，天地一体"引发的，而不是针对孟子"义有等差，各有所宜"而引发的"亲亲""劳心劳力"和"分工合作"的主张。名家另一位代表人物公孙龙对庄子的影响也很明显，《齐物论》中"以指喻指之非指，不若以非指喻指之非指也；以马喻马之非马，不若以非马喻马之非马也。天地一指也，万物一马也"，便是针对公孙龙而发。其中关于辩无胜的论述，批判的矛头指向的也是名家。

儒家对庄子的影响，"天人"等种种问题的论辩确实存在，刺激庄子做出反应的，并非陈启云先生所说的"理想"主义或"真理"等内容，

---

① 陈启云：《中国古代思想文化的历史论析》，北京：北京大学出版社，2002年版，第169页。

而是儒家的人本主义以及人本主义思想下对礼的过度强调。礼所表现的核心价值是名分，儒家强调名分造成了严重的"人的异化"，这便是庄子剽剥儒墨的切入点。

第一节　庄子"名"思想对儒家的回应

"名"的产生，源自人类自身从自然或"道"中独立出来，形成了"我"，这是人类认识能力发展的必由之路，也是人类认识能力提高的重要标志。这一过程，在儒家"名"思想的推动下，不可避免地走向了人类自我中心主义。儒家通过一系列的名分、礼仪，强化了人与社会的作用，却与"道"日渐背离，人类执着于自我，忘却了自然，分离了"道"，因此产生了一系列的社会问题，但以儒墨为代表的各家却没有意识到这个问题，反而在错误的道路上越走越远，终至"往而不复"。

一、礼与名

针对天子失势、阶层变动、天下动荡的局面，孔子重拾礼作为救世之法，孔子把外在的祭祀礼仪转化为内在的"诚心"，使之具有神圣性，这样就把一套纯形式的规则改变成人内心的观念，并以此规范自己的言行，每人都谨守自己的名分，不做僭越本分的事情，这是孔子救世之弊的药方。

"礼"观念在春秋时期有一个很大的变动过程[1]，儒家的巨大成就

---

[1] 具体过程参见颜世安：《原始儒学中礼观念神圣性价值的起源——从郝伯特·芬格莱特〈孔子：即凡而圣〉说起》，载《中国哲学史》，2005年第4期。

是在战国中期成功推广了这一观念，使之成为社会的主流观念。

李泽厚认为：

所谓"礼"，就后代说，是用一整套"名分"次序的排列制度，来别亲疏，定上下，立尊卑，序长幼，明贵贱，分远近，以确定人们的义务、道德和生活……"礼"的功能是"别异"，这个"别异"是通过一系列的"名"来建立和确定的……儒家强调"名"整理出秩序和规范，由之构成一个有明确差异和严密区分的社会统领系统。这就是"礼制"，也是"礼治"。①

郑开认为：

"名"其实就是某种"定位""定义"，就是周礼的"符号"，就是"宗法社会政治形态"的抽象形式。②

政治社会语境中的"名"，就是具体的"名位""爵位"，甚至包括"食禄"。③

徐复观认为：

此一封建制度，先简单地说一句，即是根据宗法制度（组织原则），把文王、武王、成王、康王等未继承王位的别子，有计划地分封到旧有

---

① 李泽厚：《新版中国古代思想史论》，天津：天津社会科学出版社，2008年版，第342页。

② 郑开：《德礼之间——前诸子时期的思想史》，北京：生活·读书·新知三联书店，2009年版，第412页。

③ 郑开：《德礼之间——前诸子时期的思想史》，北京：生活·读书·新知三联书店，2009年版，第411页。

的政治势力中去，作为自己势力扩张的据点，以联络、监督、同化旧有的政治势力，由此而逐渐达到"溥天之下，莫非王土"的目的。被封的别子，即成为封国之主；他的嫡长子，即成为封国的百世不祧之宗。按照宗法以建立一个以血统为纽带的统治集团。封国与宗周的关系，政治上是天子与诸侯的关系；宗族却是"别子"与"元子"的血统关系；是由昭穆排列下来的兄弟伯叔的大家族的关系，各侯国内的政治组织也是如此。为了便于统治的从属关系能够巩固，以血统的嫡庶及亲疏长幼等定下贵贱尊卑的身份，使每人的爵位及权力义务，各与其身份相称；这在当时称之为"分"；"定分"即建立当时的政治秩序。"分"是以身份作根据所划分的通过各种不同的礼数，把"分"彰显出来，且使之神圣化。其分封异姓时，也必以婚姻联系起来，使之成为姻娅甥舅的关系，这依然是以血统为统治组成的骨干。[①]

　　由上述文字可以看出，礼与"名"具有密不可分的关系。"名"的本质是"分"，不同的"名"代表着不同的规定性，代表着不同的内涵；而礼的功能是"别异"，"别异"是更明确的"分"，通过"别异"分出上下、尊卑、长幼、贵贱、远近。"名"的"分"往往是形而上的，而礼的"别异"直接体现在物质差别上，礼规定的上下、尊卑、长幼决定了不同的土地、爵位、食禄。礼不仅维护着统治秩序，更规定了物质分配。礼的这些功能，依靠"名"的规定性才能实现，"名"为礼的维持提供了理论上的合法性，而"名"的稳定与否，决定了礼在物质分配上的巨大差异是否能够一直维持下去,决定了社会秩序的稳定与否。"礼"与"名"犹如社会大厦的两根支柱，相互依靠、相互扶持。西周时期，

---

① 徐复观：《两汉思想史》第一卷，上海：华东师大出版社，2001年版，第12页。

"名"相对处于稳定时期，礼治比较容易推行；春秋时期，天下动荡，名位混乱，礼崩乐坏，"礼"与"名"两根支柱呈摇摇欲坠之势，儒家强调"复礼""正名"，是希望借此稳定统治基础，扶大厦于将倾，"复礼"与"正名"是一事之两面，两者相辅相成。

庄子的时代，政治上面临的形势是天下大乱，社会各阶层流动性很强，各国战争频繁，纷争不已，人民痛苦不堪；思想上儒家学派大力推行礼治，提倡仁义，讲求名分，试图用新的规范使社会重新稳定下来。在庄子看来，儒家的救世方式无法解决问题，反而对问题起着推波助澜的作用。

孔子及其弟子面对的问题主要是周文疲敝。庄子时代，除了周文疲敝导致的混乱愈演愈烈外，儒家以"礼""名"为中心的政治主张不仅无助于解决问题，反而产生了极大的副作用，庄子敏锐地看到名分及礼对人的异化，他的目光越过周朝，回到更久远的"道"未曾分化的时代，发展了"无名"的理论。人生活在世界上，钩系在社会中，必然会受到"名"的重重束缚。"名"的本质是与"实"联系在一起的，不同的"名"代表不同的"实"，规定了不同的"位"，隐藏于最深处的是"利"。正如郑开指出的：政治社会语境中的"名"，就是具体的"名位""爵位"，甚至包括"食禄"。这就是"名"的本质。[1] 庄子否定"名"对人的规定性，是对人的超越，庄子从更高层次的"天"、最高层次的"道"出发，审视社会问题，希冀"得其环中"[2]，解决社会问题，表现了与儒家截然不同的思路。当然，因所处立场不同，庄子的思路并未被儒家认可，在中国历史上也没有占据主流位置。其后的荀子便批评庄子"蔽

---

[1] 郑开：《德礼之间：前诸子时期的思想史》，北京：生活·读书·新知三联书店，2009年版，第411页。

[2]《庄子·齐物论》。

于天而不知人"①，应当说，荀子准确地把握了庄子哲学的特征，天在此处是自然的意思，天人之别，正是庄子和儒家在"名"思想上的分野。

二、礼之伪

正如李泽厚所说，"礼"的功能是"别异"，这个"别异"是通过一系列的"名"来建立和确定的。②在庄子看来，这种别异功能是最差的选择，在道、德、仁、义、礼的体系中，礼是排在最后的，"道不可致，德不可至。仁可为也，义可亏也，礼相伪也。故曰：'失道而后德，失德而后仁，失仁而后义，失义而后礼。'礼者，道之华而乱之首也。"（《知北游》）在道、德、仁、义都无法推行的时候，礼是不得已的选择，而这种选择是"乱之首"。这里对礼的评价是"礼相伪"，成玄英疏曰："夫礼尚往来，更相浮伪，华藻乱德，非真实也。"③庄子这段话是承接《老子》而来的，《老子》第三十八章有相同的话："失道而后德，失德而后仁，失仁而后义，失义而后礼。"《老子》接着说："夫礼者忠信之薄，而乱之首也。"《老子》里的这些话都是精辟的论断，而《庄子》列举了很多事例。《庄子》中有很多揭露儒家"礼相伪"的内容。《大宗师》中记载：

> 孟孙才，其母死，哭泣无涕，中心不戚，居丧不哀。无是三者，以善处丧盖鲁国，固有无其实而得其名者乎？

这里讽刺了儒者重形式（礼）而不重实际，重名不重实的虚伪。

---

① 《荀子·解蔽》。
② 李泽厚：《新版中国古代思想史论》，天津：天津社会科学出版社，2008年版，第342页。
③ 郭庆藩：《庄子集释》，北京：中华书局，1982年版，第732页。

假于异物，托于同体；忘其肝胆，遗其耳目；反复终始，不知端倪；芒然仿徨乎尘垢之外，逍遥乎无为之业。彼又恶能愦愦然为世俗之礼，以观众人之耳目哉！①（《大宗师》）

这一段批评俗之礼只是为了在别人面前炫耀。成玄英疏："愦愦，犹烦乱也。彼数子者，清高虚淡，安排去化，率性任真。何能强事节文，拘世俗之礼；威仪显示，悦众人之视听哉！"

庄子认为，儒家并不知礼。《大宗师》载："莫然有间，而子桑户死，未葬。孔子闻之，使子贡往侍事焉。或编曲，或鼓琴，相和而歌曰：'嗟来桑户乎！嗟来桑户乎！而已反其真，而我犹为人猗！'子贡趋而进曰：'敢问临尸而歌，礼乎？'二人相视而笑曰：'是恶知礼意！'"从这段对话中可以看出，庄子认为真正的礼是"反其真"，表现了与儒家不同的价值取向。

"礼者，世俗之所为也；真者，所以受于天也，自然不可易也。故圣人法天贵真，不拘于俗。愚者反此。不能法天而恤于人，不知贵真，禄禄而受变于俗，故不足。惜哉，子之蚤湛于伪而晚闻大道也！"（《盗跖》）

"礼相伪"表现在人与人之间的关系上，把这种关系推向礼治，造成的后果必然是混乱，庄子认为礼是"乱之首"。儒家推行礼治，目的是划分等级、阐明秩序，消除社会混乱，庄子却称之为"乱之首"，可谓振聋发聩。《缮性》篇云：

---

① 郭庆藩：《庄子集释》，北京：中华书局，1982 年版，第 271 页。

信行容体而顺乎文，礼也。礼乐遍行，则天下乱矣。

逮德下衰，及燧人、伏羲始为天下，是故顺而不一。德又下衰，及神农、黄帝始为天下，是故安而不顺。德又下衰，及唐、虞始为天下，兴治化之流，枭淳散朴，离道以善，险德以行，然后去性而从于心。心与心识知，而不足以定天下，然后附之以文，益之以博。文灭质，博溺心，然后民始惑乱，无以反其性情而复其初。

"礼乐遍行"而天下乱的原因，是人们受到文、博等外物的诱惑，去性从心，不再淳朴。礼就是文的一种。《马蹄》篇云：

彼民有常性，织而衣，耕而食，是谓同德。一而不党，命曰天放。故至德之世，其行填填，其视颠颠。当是时也，山无蹊隧，泽无舟梁；万物群生，连属其乡；禽兽成群，草木遂长。是故禽兽可系羁而游，鸟鹊之巢可攀援而窥。夫至德之世，同与禽兽居，族与万物并。恶乎知君子小人哉！同乎无知，其德不离；同乎无欲，是谓素朴。素朴而民性得矣。

这是庄子理想的社会。理想的社会万物群生，草木遂长，因为不知君子小人、不知礼乐，人民保持着常性。

《马蹄》篇谈到现实的社会：

及至圣人，蹩躠为仁，踶跂为义，而天下始疑矣。澶漫为乐，摘僻为礼，而天下始分矣。故纯朴不残，孰为牺尊！白玉不毁，孰为珪璋！道德不废，安取仁义！性情不离，安用礼乐！五色不乱，孰为文采！五声不乱，孰应六律！夫残朴以为器，工匠之罪也；毁道德以为仁义，圣人之过也。

这里庄子分析得很透彻：现实的世界不再有万物其乐融融，原因在于圣人毁道德以为仁义，导致离性情、废道德，天下各种乱象因此而生。君子小人混而为一，是不离德、合乎本性的至高境界。"澶漫为乐，摘僻为礼"，则天下开始分化，"分"是一切混乱产生的原因。

三、仁义背离人之常性

仁义是礼派生出来的，为了让人们自觉地遵守礼所规定的名分，儒家特别提倡个人品德的修养，仁义就是其中的重要内容，而庄子认为，仁义背离了人的本性与常性，人之常性是"莫之为而常自然"（《秋水》），"古之人，在混芒之中，与一世而得淡漠焉。当是时也，阴阳和静，鬼神不扰，四时得节，万物不伤，群生不夭，人虽有知，无所用之，此之谓至一。"（《秋水》）

一切任凭自然，人们不炫耀智慧，这是人的常性。这种状态下的人和社会，万物不伤，群生不夭。但仁义不是人的本性。《骈拇》云：

意仁义其非人情乎！彼仁人何其多忧也。且夫骈于拇者，决之则泣；枝于手者，龁之则啼。二者或有余于数，或不足于数，其于忧一也。今世之仁人，蒿目而忧世之患；不仁之人，决性命之情而饕贵富。故意仁义其非人情乎！自三代以下者，天下何其嚣嚣也。

仁义正如多余的手指，不是人所必需的，反而是累赘。当世的仁人，因为世上缺少仁义而忧虑，不仁的人放任自己的欲望，追求富贵，两者虽然恰恰相反，但同样都是背离人性。庄子认为这是大惑，而人们没有认识到背离人性的可悲之处，《骈拇》篇云：

夫小惑易方，大惑易性。何以知其然邪？自虞氏招仁义以挠天下也，天下莫不奔命于仁义。是非以仁义易其性与？

故尝试论之：自三代以下者，天下莫不以物易其性矣！小人则以身殉利；士则以身殉名；大夫则以身殉家；圣人则以身殉天下。故此数子者，事业不同，名声异号，其于伤性以身为殉，一也。

且夫属其性乎仁义者，虽通如曾、史，非吾所谓臧也；属其性于五味，虽通如俞儿，非吾所谓臧也；属其性乎五声，虽通如师旷，非吾所谓聪也；属其性乎五色，虽通如离朱，非吾所谓明也。吾所谓臧者，非所谓仁义之谓也，臧于其德而已矣；吾所谓臧者，非所谓仁义之谓也，任其性命之情而已矣；吾所谓聪者，非谓其闻彼也，自闻而已矣；吾所谓明者，非谓其见彼也，自见而已矣。夫不自见而见彼，不自得而得彼者，是得人之得而不自得其得者也，适人之适而不自适其适者也。夫适人之适而不自适其适，虽盗跖与伯夷，是同为淫僻也。余愧乎道德，是以上不敢为仁义之操，而下不敢为淫僻之行也。

庄子认为，仁义是"桎梏凿枘"，对人的本性进行"斤锯制焉，绳墨杀焉，椎凿决焉"，导致"天下脊脊大乱""罪在撄人心"。《在宥》篇描述了虚伪的仁义造成的人间惨象："今世殊死者相枕也，桁杨者相推也，形戮者相望也，而儒墨乃始离跂攘臂乎桎梏之间。意，甚矣哉！其无愧而不知耻也甚矣！吾未知圣知之不为桁杨椄槢也，仁义之不为桎梏凿枘也，焉知曾、史之不为桀、跖嚆矢也！"庄子愤慨地斥责儒墨思想家"无愧而不知耻也甚矣"，正是他们导致被杀的人一个压一个，受刑戮的人一个挨一个，他们正是桀、跖这些恶人的先导。

四、名声之祸

儒家以人为中心，肯定人的价值，名声是人的价值的体现，也是儒家追求的重要内容之一。"太上立言"体现的便是这种价值追求。孔子曾发感慨："君子疾没世而名不称也。"[1] 庄子在第一篇《逍遥游》中便无情地讽刺了对名的追求："若夫乘天地之正，而御六气之辩，以游无穷者，彼且恶乎待哉！故曰：至人无己，神人无功，圣人无名。"在庄子看来，对名声的追求最多算是小知，"小知不及大知"。大知，是"背若泰山，翼若垂天之云，抟扶摇羊角而上者九万里"的大鹏，而小知，是"腾跃而上，不过数仞而下，翱翔蓬蒿之间"的斥鴳。大知者对名的超越，是汲汲于声名的儒家所无法理解的，其中的分野正如大鹏与斥鴳。因此，尧让天下于许由，许由坚辞不受，说道："而我犹代子，吾将为名乎？名者，实之宾也。"许由认为：名，是由实派生出来的，名只是外在的东西，根本不值得追求，"圣人无名"表现了与儒家相反的价值追求。

庄子"无名"的价值追求，一个主要的目的是保全自身。《养生主》说："为善无近名，为恶无近刑，缘督以为经，可以保身，可以全生，可以养亲，可以尽年。"还只是温和的劝告。《人间世》借孔子之口说："德荡乎名，知出乎争。名也者，相轧也；知也者争之器也。二者凶器，非所以尽行也。"已经是严肃的警告了。庄子认为追求名声必然导致各人相互倾轧、害人害己。所引用的例子则是血淋淋的事实：

　　且昔者桀杀关龙逢，纣杀王子比干，是皆修其身以下伛拊人之民，以下拂其上者也，故其君因其修以挤之。是好名者也。昔者尧攻丛枝、

---

[1]《论语·卫灵公》。

胥敖，禹攻有扈。国为虚厉，身为刑戮。其用兵不止，其求实无已，是皆求名实者也，而独不闻之乎？名实者，圣人之所不能胜也，而况若乎！（《人间世》）

关龙逢、比干被杀，是因为追求名声；丛枝、胥敖、有扈被灭，缘于追求名实。关龙逢、比干是儒家道德推崇的贤人，而在庄子看来，正是儒家好名的价值观害了他们，因此感慨："人皆知有用之用，而莫知无用之用也。"

人的生命与身体成之于天。庄子认为，保全生命是人的本性，是最符合自然的道理。在与惠施辩论的时候，庄子提出"无情"一词："吾所谓无情者，言人之不以好恶内伤其身，常因自然而不益生也。"（《德充符》）"无情"才是人的本性，人的本性是一切顺其自然，为生命增添本性以外的东西都是残身伤性。庄子把本性以外的东西如仁义等，比作骈拇和枝指，感慨道："意仁义其非人情乎！" 骈拇和枝指不是人的本性，仁义也不属于人情，庄子认为"枝于仁者，擢德塞性以收名声"（《庄子·骈拇》），但是儒家并没有认识到这一点，他们往往本末倒置，因追求名声而残生伤性。"故尝试论之：自三代以下者，天下莫不以物易其性矣！小人则以身殉利；士则以身殉名；大夫则以身殉家；圣人则以身殉天下。故此数子者，事业不同，名声异号，其于伤性以身为殉，一也。"（《庄子·骈拇》）"伯夷死名于首阳之下，盗跖死利于东陵之上。二人者，所死不同，其于残生伤性均也。奚必伯夷之是而盗跖之非乎？"（《庄子·骈拇》）

在庄子看来，人从自然形态中分化出来，便陷入与物相纠缠的怪圈，屈从欲望，终身追求名、利等外物。因此，自生至死，人始终站在悲剧的舞台上："一受其成形，不亡以待尽。与物相刃相靡，其行尽如驰而莫之能止，不亦悲乎！终身役役而不见其成功，苶然疲役而不知其所归，可不哀邪！人谓之不死，奚益！其形化，其心与之然，可不谓大哀乎？人之生也，固若是芒乎？其我独芒，而人亦有不芒者乎？"（《齐物论》）

庄子提出的解决办法是"心斋""虚而待物""若能入游其樊而无感其名，入则鸣，不入则止。无门无毒，一宅而寓于不得已，则几矣"。如果能够身处其地而不追求名声，才能达到心斋的要求。"入游其樊而无感其名"，成玄英疏曰："夫子语颜生化卫之要，慎莫据其枢要，且复游入蕃傍，亦宜晦迹消声，不可以名智感物。"①

五、正形与正身

（一）齐物与正

在《逍遥游》中，庄子形容天的颜色，问："天之苍苍，其正色邪？其远而无所至极邪？其视下也，亦若是则已矣。"对人类感官的认知能力提出了怀疑，人们视觉所见到的苍苍的颜色，是天的正色吗？这里的"正色"，指的是天本来的颜色。最简单的自然之正色，人们都难以确定，可见得"正"是多么困难。

《齐物论》中，庄子对"正"进行了详细阐述：

既使我与若辩矣，若胜我，我不若胜，若果是也？我果非也邪？我胜若，若不吾胜，我果是也？而果非也邪？其或是也？其或非也邪？其俱是也？其俱非也邪？我与若不能相知也。则人固受其黮暗，吾谁使正之？使同乎若者正之，既与若同矣，恶能正之？使同乎我者正之，既同乎我矣，恶能正之？使异乎我与若者正之，既异乎我与若矣，恶能正之？使同乎我与若者正之，既同乎我与若矣，恶能正之？然则我与若与人俱

---

① 郭庆藩：《庄子集释》，北京：中华书局，2005年版，第149页。

不能相知也，而待彼也邪？

　　这段讨论的是辩论的问题，庄子提出了"辩无胜"的观点。之所以"辩无胜"，关键在于是非难以确定，是非难以确定，原因在于没法确定"正"的标准。让谁来掌握"正"的标准呢？如果对方和我的观点相同，既然和我的观点相同，怎么能掌握"正"的标准呢？如果对方和我的观点不同，既然和我的观点不同，又怎么能掌握"正"的标准呢？

　　不仅如此，不同的对象站在不同的角度，看待同一事物，得出的结论也是不同的。《齐物论》云：

　　　且吾尝试问乎女：民湿寝则腰疾偏死，鳅然乎哉？木处则惴栗恂惧，猨猴然乎哉？三者孰知正处？民食刍豢，麋鹿食荐，蝍蛆甘带，鸱鸦者鼠，四者孰知正味？猿猵狙以为雌，麋与鹿交，鳅与鱼游。毛嫱丽姬，人之所美也；鱼见之深入，鸟见之高飞，麋鹿见之决骤，四者孰知天下之正色哉？自我观之，仁义之端，是非之涂，樊然淆乱，吾恶能知其辩！

　　人睡在潮湿的地方会腰痛甚至偏瘫，泥鳅却不会；人在高树上会恐惧战栗，猿猴却不然。从这些自然现象中，庄子发问道："到底谁知道正处的标准？"同理，"正味""正色"也因为对象不同，得出的结论完全不同，由此可知"正"的标准是没法确立的。回到人类，儒家真理在握，大力推崇的"仁义""是非"标准，自然经不起推敲了。既然"正"本身无法确定，如何能"正名"呢？所以庄子认为："圣人无名"。

（二）正形

庄子"正处""正味""正色"的例子，说明人类认识真理的困难。《齐物论》云：

> 啮缺问乎王倪曰："子知物之所同是乎？"曰："吾恶乎知之！""子知子之所不知邪？"曰："吾恶乎知之！""然则物无知邪？"曰："吾恶乎知之！虽然，尝试言之：庸讵知吾所谓知之非不知邪？庸讵知吾所谓不知之非知邪？"

所谓"知"可能成为"不知"，之所以出现这种情况是，因为：一方面与人的认识能力有关，另一方面，从庄子所举的例子来看，是认识的角度不同。庄子并非完全否定人类的认识能力，而是借此提醒人类跳出人类中心主义。庄子没有一概否定"正"，从修身正形到治国，庄子仍然遵循"正"的价值认同。"正"在众多方面受到庄子的肯定。在《庄子·德充符》中，有这样一段对话：

> 常季曰："彼为己，以其知得其心，以其心得其常心。物何为最之哉？"仲尼曰："人莫鉴于流水而鉴于止水。唯止能止众止。受命于地，唯松柏独也正，在冬夏青青；受命于天，唯尧、舜独也正，在万物之首。幸能正生，以正众生。"

自然界中松柏之"正"受到肯定，人类社会中尧、舜之"正"也备受推崇，足见庄子并未一概否定"正"。

在《庄子》一书中，对"正"有全面系统的论述。"正"包含多个层面，包括个体生存的层面，在这个层面上，"正"的目的是全生与养生。在这一层面上，庄子提出了"正身""正形"。

> 蘧伯玉曰：善哉问乎！戒之，慎之，正女身哉！形莫若就，心莫若和。虽然，之二者有患。就不欲入，和不欲出。形就而入，且为颠为灭，为崩为蹶；心和而出，且为声为名，为妖为孽。彼且为婴儿，亦与之为婴儿；彼且为无町畦，亦与之为无町畦；彼且为无崖，亦与之为无崖；达之，入于无疵。（《庄子·人间世》）

颜阖问的是与天性凶残的人相处，如何保全自己，蘧伯玉首先谈到的便是"正身"，从形和心两方面端正自己。当然，这还没有达到最高境界，最高境界是随对方变化，为婴儿，为无町畦，为无崖，才能完全保全自己，但至少"正身"是有助于保全自己的。

《缮性》中说："古之行身者，不以辩饰知，不以知穷天下，不以知穷德，危然处其所而反其性，己又何为哉！道固不小行，德固不小识。小识伤德，小行伤道。故曰：正己而已矣。乐全之谓得志。"这里的正己也是为了保全自己。正己的处世之道和上文有相通之处，上文秉承的方法是与物变化，不追求名声，本段讲的是不逞才使智，不因小行、小识伤害道德，以免处于危险境地。

和全生关系密切的是养生，养生也离不开一个"正"字。

> 来，吾语女至道：至道之精，窈窈冥冥；至道之极，昏昏默默。无视无听，抱神以静，形将自正。必静必清，无劳女形，无摇女精，乃可以长生。（《在宥》）

啮缺问道乎被衣，被衣曰："若正汝形，一汝视，天和将至；摄汝知，一汝度，神将来舍。德将为汝美，道将为汝居。汝瞳焉如新生之犊

91

而无求其故。"（《知北游》）

这两段讲的都是正形，正形的要领是"无视无听，抱神以静"，或者说"一汝视""一汝度"。成玄英疏曰："汝形容端雅，勿为邪僻，视听纯一，勿多取境，自然和理归至汝身。"

比养生层次更高的是个人的修养，也要求"正"。

"何谓无始而非卒？"仲尼曰："化其万物而不知其禅之者，焉知其所终？焉知其所始？正而待之而已耳。""何谓人与天一邪？"仲尼曰："有人，天也；有天，亦天也。人之不能有天，性也。圣人晏然体逝而终矣！"（《山木》）

"正"而待万物，就不仅仅是养生之道，而是个人的一种修炼，在某种程度上说，这种境界接近于得道，是人们很难达到的境界。成玄英疏曰："夫终则是始，始则是终，故何能定终始！既其无终与始，则无死与生，是以随变任化，所遇皆适，抱守正真，待于造物而已矣。"①

"多方乎仁义而用之者，列于五藏哉，而非道德之正也。"（《庄子·骈拇》）从反面提出了人应该守"道德之正"。当然，庄子的道德之正与儒家不同，儒家认为道德之正是仁义，庄子反其道而行之，认为仁义不是道德之正。

从治国的角度，庄子也提出了正的主张，在治理国家中起主要作用的君臣都需要做到"正"。

庄子"正"的观念首先是施于人的，对于个体，侧重于正形、正心，

———————

① 郭庆藩：《庄子集释》，北京：中华书局，1982 年版，第 694 页。

讲道德之正。施之于人的"正"，目的是为了全身、养生。从人的层次外扩，治理国家也需要正。"语大功，立大名，礼君臣，正上下，为治而已矣。此朝廷之士"，这里的正也是有层次的，较低层次的是朝廷之士，朝廷之士以名为目标、以礼为手段，通过正上下，达到治理国家的目的。庄子并没有推崇朝廷之士，在庄子看来，朝廷之士距离大道还有很远的距离，最高层次是"不刻意而高，无仁义而修，无功名而治，无江海而闲，不道引而寿，无不忘也，无不有也。淡然无极而众美从之。此天地之道，圣人之德也。"但是庄子没有完全否定朝廷之士，庄子把人按从下到上的层次分为山谷之士、平世之士、朝廷之士、江海之士、道引之士、"天地之道，圣人之德"，朝廷之士排在山谷之士、平世之士之上，说明在一定程度上，朝廷之士是受到庄子肯定的。在治理国家方面，朝廷之士之上，有国君，国君治理国家，更需要"正"。"以道观言而天下之君正；以道观分而君臣之义明；以道观能而天下之官治；以道泛观而万物之应备。"（《在宥》）郭庆藩《庄子集释》："家世父曰：言者，名也。正其君之名，天下自然听命焉。故曰名之必可言也，一衷诸道而已矣。"[1]君正是一种原则，在具体操作中，君之正还要有甘居下流的精神。《则阳》说："古之君人者，以得为在民，以失为在己；以正为在民，以枉为在己。"这里的正已经由道变为术了。

《天运》篇提出了"正"的具体手段："怨、恩、取、与、谏、教、生杀八者，正之器也，唯循大变无所湮者为能用之。故曰：正者，正也。其心以为不然者，天门弗开矣。"

"怨、恩、取、与、谏、教、生杀"是具体的治术，用于指导这些治术的价值标准，即"正"的依据，则是"名""礼""仁义"等。在

---

① 郭庆藩：《庄子集释》，北京：中华书局，2005 年版，第 405 页。

使用中，要注意度的把握。《天运》篇指出："名，公器也，不可多取。仁义，先王之蘧庐也，止可以一宿而不可久处。"

治理国家最完美的情形是每一阶层的人都做到"正"，"天子诸侯大夫庶人，此四者自正，治之美也"（《渔父》）。天子、诸侯、大夫、庶人都按照正的标准要求自己，谨守正位，国家将会得到完美的治理，如果他们偏离自己的位置，将会天下大乱。庄子为我们描述了这种可怕的情形："故田荒室露，衣食不足，征赋不属，妻妾不和，长少无序，庶人之忧也；能不胜任，官事不治，行不清白，群下荒怠，功美不有，爵禄不持，大夫之忧也；廷无忠臣，国家昏乱，工技不巧，贡职不美，春秋后伦，不顺天子，诸侯之忧也；阴阳不和，寒暑不时，以伤庶物，诸侯暴乱，擅相攘伐，以残民人，礼乐不节，财用穷匮，人伦不饬，百姓淫乱，天子有司之忧也。"（《渔父》）每一个阶层不守正，都会产生严重的后果，最下层的庶人不守正，会"田荒室露，衣食不足，征赋不属，妻妾不和，长少无序"，最上层的天子不守正，会"阴阳不和，寒暑不时，以伤庶物，诸侯暴乱，擅相攘伐，以残民人，礼乐不节，财用穷匮，人伦不饬，百姓淫乱"。庄子为我们描述的是当时各国真实存在的情形，"知我者谓我心忧"，庄子并非完全超脱现实的真人，他提出的"正"便是救世的一剂良方。

"正"的最高层次是"至正"。《骈拇》曰："彼正正者，不失其性命之情。故合者不为骈，而枝者不为跂；长者不为有余，短者不为不足。""贵富显严名利六者，勃志也；容动色理气意六者，谬心也；恶欲喜怒哀乐六者，累德也；去就取与知能六者，塞道也。此六者不荡胸中则正，正则静，静则明，明则虚，虚则无为而无不为也。"（《庚桑楚》）

"不失其性命之情"，是因任自然，"静、明、虚、无为而无不为"

可谓道的化身，两者都和道密不可分，足见"至正"是道的同义语。

六、庄子后学的名法合流

从反影响的角度来看，庄子受儒学的影响非常大，甚至有"庄子儒门说"①。这种说法是有道理的。前面我们已经分析过，庄子在出发点上和儒家是一致的，都是看到了周室衰落、社会动荡、人心混乱的现实，希望通过自己的主张解决现实社会问题，二者的目标也是一致的，都希望社会稳定，人民生活幸福。儒家有大同社会的理想，庄子有禽兽成群，草木遂长的理想社会，它们共同的特点都是人生活幸福。庄子反对儒家的原因，是看到了儒家提倡仁义、礼治、名分造成的负面作用。但是很多时候，庄子及其后学也不得不承认，儒家主张还是有正面作用的，完全否定未必行得通。《庄子》中那些激烈反儒的言语，在某种程度上来说是一种策略，采用极端的语言提醒人们注意仁义、礼治、名分的另一面，要用辩证的方法看待儒家的主张。实际上，庄子后学对儒家相当尊崇。《天下》篇评论百家，首先提到的便是儒家。"其明而在数度者，旧法、世传之史尚多有之；其在于《诗》《书》《礼》《乐》者，邹鲁之士、缙绅先生多能明之。《诗》以道志，《书》以道事，《礼》以道行，《乐》以道和，《易》以道阴阳，《春秋》以道名分。其数散于天下而设于中国者，百家之学时或称而道之。"这一段明确指出《礼》以

---

① 杨儒宾将以韩愈、苏轼为代表的"庄子儒门说"归纳为三点：（1）庄子之学出自田子方，田子方则为子夏之徒，所以庄子有孔门的传承之印记。（2）《庄子》一书虽多菲薄庄周、孔之言，但这些语言就像禅子之呵佛骂祖一样，阳挤而阴助之，不能只看文字的表面价值。（3）《庄子·天下》篇言天下学术，诸子皆各自成家，亦各有所偏，庄子皆一一评骘之。唯独儒家诸子不在评述之列，对孔子更是一言不发。这显示庄子视孔子及六经为诸家之宗，不与诸子百家为侣，其地位大不相侔。请参考杨儒宾：《儒门内的庄子》，载《中国哲学与文化》第四辑，桂林：广西师范大学出版社，2009 年版。

道行、《春秋》以道名分，对邹鲁之士、缙绅先生都是称道的语言，完全没有批评，并注意到儒家的历史传统，认为"旧法、世传之史尚多有之"，这和《庄子》中多处激烈批评儒家学说形成了鲜明对比。这种反差不仅存在于《天下》篇，外篇、杂篇多处表现了折中儒道的倾向，这些文字，对"礼""名"等儒家学说表现了一定程度上的肯定。

贱而不可不任者，物也；卑而不可不因者，民也；匿而不可不为者，事也；粗而不可不陈者，法也；远而不可不居者，义也；亲而不可不广者，仁也；节而不可不积者，礼也；中而不可不高者，德也；一而不可不易者，道也；神而不可不为者，天也。故圣人观于天而不助，成于德而不累，出于道而不谋，会于仁而不恃，薄于义而不积，应于礼而不讳，接于事而不辞，齐于法而不乱，恃于民而不轻，因于物而不去。物者莫足为也，而不可不为。不明于天者，不纯于德；不通于道者，无自而可；不明于道者，悲夫！何谓道？有天道，有人道。无为而尊者，天道也；有为而累者，人道也。主者，天道也；臣者，人道也。天道之与人道也，相去远矣，不可不察也。（《庄子·在宥》）

天地虽大，其化均也；万物虽多，其治一也；人卒虽众，其主君也。君原于德而成于天。故曰：玄古之君天下，无为也，天德而已矣。以道观言而天下之君正；以道观分而君臣之义明；以道观能而天下之官治；以道泛观而万物之应备。故通于天地者，德也；行于万物者，道也；上治人者，事也；能有所艺者，技也。技兼于事，事兼于义，义兼于德，德兼于道，道兼于天。故曰：古之畜天下者，无欲而天下足，无为而万物化，渊静而百姓定。《记》曰："通于一而万事毕，无心得而鬼神服。"（《庄子·天地》）

"以道观言而天下之君正；以道观分而君臣之义明"，这里对言持肯定态度。成玄英疏曰："以虚通之理，观应物之数，而无为因任之君，不用邪僻之言者，故理当于正道。"郭庆藩曰："家世父曰：言者，名也。正其君之名，天下自然听命焉。故曰名之必可言也，一衷诸道而已矣。"① 这一段同样对礼持肯定态度：

> 本在于上，末在于下；要在于主，详在于臣。三军五兵之运，德之末也；赏罚利害，五刑之辟，教之末也；礼法度数，刑名比详，治之末也；钟鼓之音，羽旄之容，乐之末也；哭泣衰絰隆杀之服，哀之末也。此五末者，须精神之运，心术之动，然后从之者也。末学者，古人有之，而非所以先也。君先而臣从，父先而子从，兄先而弟从，长先而少从，男先而女从，夫先而妇从。夫尊卑先后，天地之行也，故圣人取象焉。天尊地卑，神明之位也；春夏先，秋冬后，四时之序也；万物化作，萌区有状，盛衰之杀，变化之流也。夫天地至神矣，而有尊卑先后之序，而况人道乎！宗庙尚亲，朝廷尚尊，乡党尚齿，行事尚贤，大道之序也。语道而非其序者，非其道也。语道而非其道者，安取道哉！②

这里庄子认为，刑名是治之末，但没有完全否定刑名，与内篇《齐物论》有明显的差别，肯定了尊卑先后，表现了庄子后学思想的变化。

> 是故古之明大道者，先明天而道德次之，道德已明而仁义次之，仁义已明而分守次之，分守已明而形名次之，形名已明而因任次之，因任已明而原省次之，原省已明而是非次之，是非已明而赏罚次之，赏罚已

---

① 郭庆藩：《庄子集释》，北京：中华书局，2005 年版，第 405 页。

② 《庄子·天道》。

明而愚知处宜，贵贱履位，仁贤不肖袭情。必分其能，必由其名。以此事上，以此畜下，以此治物，以此修身，知谋不用，必归其天。此之谓大平，治之至也。故书曰："有形有名。"形名者，古人有之，而非所以先也。古之语大道者，五变而形名可举，九变而赏罚可言也。骤而语形名，不知其本也；骤而语赏罚，不知其始也。倒道而言，迕道而说者，人之所治也，安能治人！骤而语形名赏罚，此有知治之具，非知治之道。可用于天下，不足以用天下。此之谓辩士，一曲之人也。礼法数度，形名比详，古人有之。此下之所以事上，非上之所以畜下也。[1]

此段详细论述了刑名，还谈到必由其名，强调了"名"的作用。

名，公器也，不可多取。仁义，先王之蘧庐也，止可以一宿而不可久处。觏而多责。古之至人，假道于仁，托宿于义，以游逍遥之虚，食于苟简之田，立于不贷之圃。逍遥，无为也；苟简，易养也；不贷，无出也。古者谓是采真之游。以富为是者，不能让禄；以显为是者，不能让名。亲权者，不能与人柄，操之则栗，舍之则悲，而一无所鉴，以窥其所不休者，是天之戮民也。怨、恩、取、与、谏、教、生杀八者，正之器也，唯循大变无所湮者为能用之。故曰：正者，正也。其心以为不然者，天门弗开矣。

子之所以者，人事也。天子诸侯大夫庶人，此四者自正，治之美也；四者离位而乱莫大焉。官治其职，人忧其事，乃无所陵。故田荒室露，衣食不足，征赋不属，妻妾不和，长少无序，庶人之忧也；能不胜任，官事不治，行不清白，群下荒怠，功美不有，爵禄不持，大夫之忧也；

---

[1]《庄子·天道》。

廷无忠臣，国家昏乱，工技不巧，贡职不美，春秋后伦，不顺天子，诸侯之忧也；阴阳不和，寒暑不时，以伤庶物，诸侯暴乱，擅相攘伐，以残民人，礼乐不节，财用穷匮，人伦不饬，百姓淫乱，天子有司之忧也。今子既上无君侯有司之势，而下无大臣职事之官，而擅饰礼乐，选人伦，以化齐民，不泰多事乎？

这是儒家治理的理想，而庄子后学表达了相同的愿望，可以看出战国后期各家思想融合的趋势。

第二节　庄子与名辩

名辩思潮在先秦盛极一时，《庄子·天下》篇评析天下学术，用相当的篇幅记载了辩者的活动，涵盖了当时几乎全部重要人物和派别。有以二十一个命题与人辩论不休的惠施；有能胜人之口，不能服人之心的桓团、公孙龙；有"问天地所以不势不陷，风雨雷霆之故"的倚人黄缭。此外，相里勤之弟子，五侯之徒，南方之墨者若获、已齿、邓陵子之属，也"以坚白同异之辩相訾，以奇偶不忤之辞相应"。可见当时名辩之风的强势，但我们今天见到的名辩材料，除《公孙龙子》一书外，主要集中在《庄子》之中。由此可以看出，尽管以反影响的面目出现，名辩对《庄子》的影响仍是不可低估的。庄子后学，甚至庄子本人都免不了受到这种影响。《天下》篇被认为是庄子后学的作品，用那么多的篇幅介绍惠施，个中意味值得玩味。按通常的看法，《庄子》外篇、杂篇为庄子弟子的作品，外篇、杂篇多处记载庄子与惠施的交往和论辩。《秋水》记载惠子相梁，庄子往见，惠子恐其取代自己为相，举国搜查；《至乐》写庄子妻死，惠子吊之，都证明庄子与惠施关系密切。著名的濠梁之辩，对中国文化影响深远，庄子及其后学不能不在这些辩论中受到影响。庄子送葬，过惠子之墓，对从者说："自夫子之死也，吾无以为质矣，吾无与言之矣！"情意深切，可媲美钟子期死后，伯牙终身不复鼓琴。庄子将自己和惠施比作匠人与质，二人相对相成，则惠施的影响不可低估。内篇被认为是庄子本人的作品，其中有多处庄子和惠施的辩论。惠施批评庄子之言，大而无用，引出庄子诗意的回击："今子有大树，患其无用，何不树之于无何有之乡，广莫之野，彷徨乎无为其侧，逍遥乎寝卧其下。不夭斤斧，物无害者，无所可用，安所困苦哉！"（《庄子·内篇·齐物论》）《德充符》中，二人就人有情还是无情展开了激辩，虽然二人观点多不一致，而且惠施往往是作为被批评的对象而出现的，但他对庄子的影响则是显而易见的，他常常作为一个激发点，点燃庄子的灵感。关于惠施的记载，内篇和外杂篇呈现不同的特点：内篇多记载庄子与惠施的思想碰撞，外杂篇以二人逸事为多，这也许可以从侧面证明内篇为庄子所作，外杂篇为庄子后学所作。

一、庄子对于知的认识

名家大多数命题都与生活经验相背离，但名家总是能"言之成理，持之有故"，虽然效果仅限"能服人之口，不能服人之心"，但能在经验背离处自圆其说，显示了名家在"知"与"辩"方面高人一筹，这正是名家学者的乐趣所在，也是他们价值上的自我肯定所在。庄子则釜底抽薪，完全否定"知"与"辩"的价值和可能性，使名家顿失立足之地。《秋水》中以寓言的形式表现了庄子理论给名家带来的困惑。公孙龙问于魏牟曰:"龙少学先王之道,长而明仁义之行;合同异,离坚白;然不然,可不可;困百家之知,穷众口之辩:吾自以为至达已。今吾闻庄子之言,茫然异之。不知论之不及与?知之弗若与?今吾无所开吾喙,敢问其方。"公孙龙闻庄子之言之前的志得意满和其后的茫然无所措,虽非实有之事,亦不远矣。在《秋水》中,公子牟对公孙龙的回答,表现了庄子思想与名家思想的不同之处,具体而言,就是以"道"制"辩"。"道"是庄子哲学中最高的范畴,公子牟描述为"无东无西,始于玄冥,反于大通"。成玄英疏:"大通,犹大道也。道能通生万物,故谓道为大通也。外则离析于形体,一一虚假,此解堕肢体也。内则除去心识,恍然无知,此解黜聪明也。"① 大道消解了知、辩。二者的对抗,公子牟称之为"用管窥天,用锥指地",高下自不必言。"道"在《庄子》中是一个复杂的概念,庄子没有给"道"下过定义,始终在用描绘性的语言论述道,所以道呈现开放的特点,有时与"行"相连,有时与"言"相对,有的时候又与物相訾。刘笑敢认为,在《庄子》中,"道大体上有两个基本含义,一是指世界的本原,一是指最高的认识。前者是道的实体意义,即自然观中的道,后者是道的认识论意义,即认识论中的道。"② 与名辩发生联系的道自然是在认识论意义上的道。刘笑敢把道的实体意义和道的认识论意义进行了区分。

如果说,道的宇宙论和本体论意义是以《大宗师》中道"生天生地"的论述为代表,那么道的认识论意义则可以《齐物论》中的下面两段话为代表。《齐物论》说:"是非之彰也,道之所以亏也,道之所以亏,爱之所之成"。《齐物论》又说:"道恶乎隐而有真伪?言恶乎隐而有

---

① 郭庆藩:《庄子集释》,北京:中华书局,2005年版,第285页。

② 刘笑敢:《庄子哲学及其演变》,北京:中国人民大学出版社,2010年版,第109页。

是非？……道隐于小成，言隐于荣华，故有儒墨之是非"。

上面《齐物论》所说的道与作为世界之本根的道有哪些不同呢？首先，这里的"道"常与"言"相提并论，不常与"物"对举。除了上面所引的例句外，《齐物论》还说过"道昭而不道，言辩而不及""道恶乎往而不存，言恶乎往而不可"。这里所说的道与语言的关系是密切而一致的，而作为世界本根的道却常与"天"或"物"相对而言。如《德充符》云："道与之貌，天与之形"，《大宗师》云："不以心捐道，不以人助天"，《秋水》云："道无终始，物有死生"。一般说来，与"天"或'物'相对而言的"道"同与"言"对提并论的"道"常常是不同的。《齐物论》所说的道与儒墨之争、是非之辨、爱恶之生有密切联系，而前面所说的本根之道则与天地之生成、万物之存在有密切联系，显然，二者不是同一范畴里的概念。一是关于认识论的概念，二是关于宇宙论、本体论的概念。最后，《齐物论》所说的道有真伪、有隐现、有成亏，道隐于"小成"之蔽，亏于是非之彰，见闻之知、是非之明、爱恶之情都足以破坏道。而道作为世界本根却是"自本自根""自古以固存"的。世界之本根决定和影响着天地万物，不受人的意识影响。总之，《齐物论》所说的"隐于小成"的道与《大宗师》所说的"生天生地"的道并非一事。"生天生地"的道是世界之本根，是客观之实在，是不以人的意志为转移的，是无条件的。《齐物论》所说的道是人的意识，是需要人有意追求或保持的最高的认识境界，是有条件的，这种道是最高的认识，或曰是对真理的认识。[①]

事实上，在《庄子》中，很难把这两种意义的道截然分开。《大宗

---

① 刘笑敢：《庄子哲学及其演变》，北京：中国人民大学出版社，2010年版，第118页。

师》里说：

　　夫道有情有信，无为无形；可传而不可受，可得而不可见；自本自
根，未有天地，自古以固存；神鬼神帝，生天生地；在太极之先而不为
高，在六极之下而不为深，先天地生而不为久，长于上古而不为老。狶
韦氏得之，以挈天地；伏戏氏得之，以袭气母；维斗得之，终古不忒；
日月得之，终古不息；勘坏得之，以袭昆仑；冯夷得之，以游大川；肩
吾得之，以处大山；黄帝得之，以登云天；颛顼得之，以处玄宫；禺强
得之，立乎北极；西王母得之，坐乎少广，莫知其始，莫知其终；彭祖
得之，上及有虞，下及五伯；傅说得之，以相武丁，奄有天下，乘东维、
骑箕尾而比于列星。

　　"自本自根""生天生地"讲的是道的实体意义，而"有情有信"，
从狶韦氏到傅说众贤人得之，指的却是其认识论意义。在与名家论辩的
时候，庄子所言之道也没有区分本体论与认识论，往往是二者合一的。
　　凡人竞相追求的"知"，是名家学派赖以立足和加以炫耀的，庄子
把这种知称之为小知，与小知相对的大知，实际上是庄子所谓的道，在
道的映衬下，小知显得渺小而境界低下。在《逍遥游》中，小知是"决
起而飞，抢榆枋，时则不至而控于地"的蜩与学鸠，大知则是"抟扶摇
而上者九万里"的大鹏；《齐物论》言："大知闲闲，小知间间。"成
玄英疏曰："闲闲，宽裕也。间间，分别也。夫智惠宽大之人，率性虚
淡，无是无非；小知狭劣之人，性灵褊促，有取有舍。"[1]也强调了小
知的低俗境界和狭劣褊促。

---

① 郭庆藩：《庄子集释》，北京：中华书局，2005 年版，第 51 页。

在《庄子》一书中，大量使用"不知"这样的词语，如"因是已，已而不知其然谓之道"① "今且有言于此，不知其与是类乎？其与是不类乎？"②《德充符》言："孟孙氏不知所以生，不知所以死。不知就先，不知就后"，连用四个"不知"，可以看出庄子对"不知"的兴趣，使得"不知"成为庄子最喜欢使用的词语之一，在先秦诸子中，庄子使用这个词的频率特别高。单用"知"的时候，这个词的意义往往是否定的，指的是"小知"，世俗之知。庄子认为"名也者，相札也；知也者，争之器也。二者凶器，非所以尽行也"③，知是引起纷争的凶器，不可以提倡。圣人把知看作妖孽，"圣人有所游，而知为孽，约为胶，德为接，工为商"。④孽，"为虐，鱼列反。《经典释文》：司马云：'智慧生妖孽'。"⑤类似的说法还有多处。

知出乎争，柴生乎守。（《外物》）

好经大事，变更易常，以挂功名，谓之叨；专知擅事，侵人自用，谓之贪；见过不更，闻谏愈甚，谓之很；人同于己则可，不同于己，虽善不善，谓之矜。此四患也。能去八疵，无行四患，而始可教已。（《渔父》）

孔子问于老聃曰："今日晏闲，敢问至道。"老聃曰："汝齐戒，疏瀹而心，澡雪而精神，掊击而知。"（《知北游》）

将为胠箧探囊发匮之盗而为守备，则必摄缄縢，固扃鐍，此世俗之

---

① 《庄子·齐物论》。

② 《庄子·齐物论》。

③ 《庄子·人间世》。

④ 《庄子·德充符》。

⑤ 黄焯：《经典释文》，北京：中华书局，1983年版，第68-369页。

所谓知也。然而巨盗至，则负匮揭箧担囊而趋，唯恐缄縢扃鐍之不固也。然则乡之所谓知者，不乃为大盗积者也？（《胠箧》）

以上内容，中心都是"掊击而知"，这是庄子对待知的一贯态度。"知出乎争"与"知也者，争之器也"语句类似，指出知引起纷争，是社会混乱的根源之一；"专知擅事，侵人自用"，庄子称之为贪，认为这是"四患"之一。《胠箧》所举的事例更是对世俗所谓知者的无情讽刺，揭露了世俗所谓知者的可笑与可悲。

庄子对知的批判，往往联系着具体的社会现象，连缀散落各篇的论述，我们不难发现隐含其中的理论体系。知的内涵是在认识的主客体互动中展开的，但在庄子眼中，认识的主客体双方都存在很大的局限。

名家对人的认识能力充满自信，《天下》篇曰："惠施之口谈，自以为最贤。""惠施不辞而应，不虑而对，遍为万物说。说而不休，多而无已，犹以为寡。"但在庄子看来，惠施已经走入了歧途，"逐万物而不反"，人们认识的客体是局限在一定范围内的。"六合之外，圣人存而不论；六合之内，圣人论而不议"。[1] 成玄英疏："六合者，谓天地四方也。六合之外，谓众生性分之表，重玄至道之乡也……既非神口所辩，所以存而不论也。"[2] 六合之内，在人们的认识范围之内，六合之外，则超出了人们的认识范围，所以圣人存而不论。

《则阳》篇曰："知之所至，极物而已。睹道之人，不随其所废，不原其所起，此议之所止。"这里将"知"限定在物的范围之内，道与知相对，超越了物，也超越了知，"议之所止"与"存而不论"意思相同，都不在知的范围内。

---

① 《庄子·齐物论》。

② 郭庆藩：《庄子集释》，北京：中华书局，2005年版，第85页。

《齐物论》曰："古之人，其知有所至矣。恶乎至？有以为未始有物者，至矣，尽矣，不可以加矣！其次以为有物矣，而未始有封也。其次以为有封焉，而未始有是非也。"《庚桑楚》有一段非常相似的话，表明知的范围是庄子及其弟子一再讨论的内容。古之人的知称为至知，至知与道类似，与世俗之知完全不同。这段话列举了从至知下移的几个层次，至知是以为未始有物，其次是有物而未始有封，再次为有封而未始有是非，这些都超出了世俗之知的范围。是非、物的界限都不在世俗之知认识的范围，更何况无物的境地了，可见知的认识客体仅限于很小的范围。

认知的客体限于物而不及道，认知的主体也往往难以确定。对于同一认知客体，不同的认知主体所下的结论是不同的。在这个意义上，即使层次很低的物，也是难以被认识的。

《齐物论》中王倪的一段话，很好地表达了这种思想："虽然，尝试言之：庸讵知吾所谓知之非不知邪？庸讵知吾所谓不知之非知邪？且吾尝试问乎女：民湿寝则腰疾偏死，鳅然乎哉？木处则惴栗恂惧，猿猴然乎哉？三者孰知正处？民食刍豢，麋鹿食荐，蝍蛆甘带，鸱鸦耆鼠，四者孰知正味？猿猵狙以为雌，麋与鹿交，鳅与鱼游。毛嫱丽姬，人之所美也；鱼见之深入，鸟见之高飞，麋鹿见之决骤，四者孰知天下之正色哉？自我观之，仁义之端，是非之涂，樊然淆乱，吾恶能知其辩！"庄子认为，世俗所谓的知，很可能是不知，世俗所谓的不知很可能是知，仁义、是非是难以辨明的，这从根本上否定了名辩的价值基础。知与不知、是与非在不同的标准下游移不定，辩还有什么意义？庄子以生活中常见的现象为例，仅仅稍稍转换一下视角，人类所执着追求的知便显现出荒谬性。以美味为例，人以牲畜为食，麋鹿吃草，蜈蚣喜吃小蛇，猫头鹰和乌鸦爱吃老鼠，这四种动物究竟谁知道什么是真正的美味呢？这是庄子对人类自我中心主义的有力破除。此一卓见，到今天更显现出其巨大的思想价值。

庄子对认知主体的怀疑，不单是改变人类自我中心主义，改变视角的问题，更与庄子"化"的思想有关。庄子认为物在不断变化之中，从此物变为彼物，循环往复，这也是认知主体难以确定的原因。《至乐》篇云：

> 种有几，得水则为继，得水土之际则为蛙蠙之衣，生于陵屯则为陵舄，陵舄得郁栖则为乌足，乌足之根为蛴螬，其叶为胡蝶。胡蝶胥也化而为虫，生于灶下，其状若脱，其名为鸲掇。鸲掇千日为鸟，其名为干余骨。干余骨之沫为斯弥，斯弥为食醯。颐辂生乎食醯，黄軦生乎九猷，瞀芮生乎腐蠸，羊奚比乎不箰，久竹生青宁，青宁生程，程生马，马生人，人又反入于机。万物皆出于机，皆入于机。

姑且不论其中有无科学道理，庄子表达的是万物之间不断"化"的过程，这个过程不限于自然界的物，人也是其中的一部分，"程生马，马生人，人又反入于机"，程、马、人、机之间不断流转。认知主体也在时刻变化，在"万物皆出于机，皆入于机"的过程中，无法确定谁是认知主体。

《大宗师》云：

> 若化为物，以待其所不知之化已乎。且方将化，恶知不化哉？方将不化，恶知已化哉？吾特与汝，其梦未始觉者邪！且彼有骇形而无损心，有旦宅而无情死。孟孙氏特觉，人哭亦哭，是自其所以乃。且也相与吾之耳矣，庸讵知吾所谓吾之乎？且汝梦为鸟而厉乎天，梦为鱼而没于渊。

不识今之言者，其觉者乎？其梦者乎？

这段话是说，在"化"的过程中，人类连自我也无法肯定，怎么知道我们所谓的"吾"是说我呢？人甚至连梦与非梦都无法确定，现在说话的人，到底是醒着还是在做梦？《齐物论》有一则故事："昔者庄周梦为胡蝶，栩栩然胡蝶也。自喻适志与！不知周也。俄然觉，则蘧蘧然周也。不知周之梦为胡蝶与，胡蝶之梦为周与？周与胡蝶则必有分矣。此之谓物化。"庄子的疑问，讲的也是在物化的过程中，认知主体无法确定的问题。

即使认知的主体能够确定，认知的标准也无从确定。

既使我与若辩矣，若胜我，我不若胜，若果是也？我果非也邪？我胜若，若不吾胜，我果是也？而果非也邪？其或是也？其或非也邪？其俱是也？其俱非也邪？我与若不能相知也。则人固受其黮暗，吾谁使正之？使同乎若者正之，既与若同矣，恶能正之？使同乎我者正之，既同乎我矣，恶能正之？使异乎我与若者正之，既异乎我与若矣，恶能正之？使同乎我与若者正之，既同乎我与若矣，恶能正之？然则我与若与人俱不能相知也，而待彼也邪？[①]

这就是庄子著名的"辩无胜"理论。你和我辩论，一方胜出，是真的胜了吗？让谁来掌握评判的标准呢？如果评判标准和你一样，既然和你一样，怎么能评判？如果评判标准和我一样，既然和我一样，怎么能评判？庄子认为，不管评判者标准如何，不外乎和我相同、和你相同、

---

① 《庄子·齐物论》。

和你我相同、和你我相异几种情况，这些情况都没法做出评判，所以辩无胜。"辩无胜"揭示了认识标准的主观性和相对性。刘笑敢对此评价道：

庄子关于"正处""正味""正色"的譬喻和辩无胜的议论都是为了说明认识标准是因人而异的，亦即主观的和相对的。就美丑好恶的选择来说，人们的标准确有一定的相对性，确有一定的因人而异的情况，就人们的一般认识来说，对于具体问题也没有绝对的、凝固不变的答案，就判别是非的方法来说，单靠辩论确实是不能解决问题的，就此而言，庄子关于认识标准的主观性、相对性的议论是不无合理之处的……庄子的错误在于不是从人的认识向客观真理接近的界限受历史条件制约的意义上讲认识的相对性，而单纯从认识的主观条件上讲认识的相对性，看不到人的认识归根结底是受客观世界制约的。此外，庄子在否定认识的主观标准的同时，找不到认识的客观标准，从而根本否定了客观真理，则是他的更为严重的错误，这一错误使他从怀疑主义走向了虚无主义，在历史上产生了消极的影响。①

这种看法并没有领会庄子"辩无胜"的真意。庄子没有完全否定人类的知，更不否定人类的认识能力。庄子只是揭示知与辩的内在矛盾和困境，启发人们从人类自我中心主义走出来。

吴光明认为：

庄子要我们从梦中醒来，醒后才了悟我们无法辨别我们真的醒了还是尚在梦中，才知道我们不知道醒否。这种"不知之知"是"大觉"之

①刘笑敢：《庄子哲学及其演变》，北京：中国人民大学出版社，2010年版，第165—166页。

知，是达到真理与幸福的最重要的第一步。因此，那段蝴蝶梦的故事（是第二篇《齐物论》的结论）不是为要使我们怀疑沮丧，乃是要像苏格拉底（Socrates）唤醒我们深知面对我们自己的无知，以达"知无知"，以达了悟"有分""物化"的实存事理。因此，庄子不是怀疑论者。庄子也不是虚无主义者。虚无论说：我们没有能力改造世界，或人类没有希望，或兼秉以上两个见解。第一见解使社会无政地紊乱。第二、第三见解代表颓废及绝望。庄子当然与它们毫无相干，他以为天地万物自有其秩序，人类不必捏造法制，他的乘物游心，断然不是颓废绝望。①

庄子从认知主体、客体和认知标准等多方面揭示了知的困境，这些层面都没有加进时间的维度，如果加入时间的考量，人类认知的局限愈加明显："吾生也有涯，而知也无涯。以有涯随无涯，殆已！已而为知者，殆而已矣！"②知的无限性与人类生命的有限性形成了巨大的沟壑，以渺小的有限性搏击巨大的无限性，岂不是一场悲剧？惠施等名辩学者以有限之知沾沾自喜，岂不是很可笑？

二、名者，实之宾也

庄子从知的角度否定了"名""辩"，而名实问题在《庄子》中呈现复杂的情况，在不同层面和不同内涵上，庄子对名实关系的看法是不一致的。

《庄子》中的实主要有两层含义：一是"绝对的实在"，二是客观事物具体的存在形式。对于"绝对的实在"，张亨指出：于此"实在"乃有"本体的"意义，不仅非客观存在的具体事务，而且非抽象的观念。

---

① 吴光明：《庄子》，台北：东大图书公司，1992年版，第47—48页。
② 《庄子·养生主》。

对于后者，许慎说文解字云："实，富也。从宀从贯。贯，货贝也。段注：富也。引申之为艸木之实。从宀贯……贯为货物。以货物充于屋下是为实。"①无论是艸木之实还是以货物充于屋下，都是可见可感的具体存在，与绝对的实在相对。

　　庄子对语言持不信任态度，语句往往有多层含义，但是在实的使用上，我们还是能够比较清晰地判断出其含义。在《庄子》中，绝大多数的实都表示客观事物具体的存在形式。如"昔者子呼我牛也而谓之牛；呼我马也而谓之马。苟有其实，人与之名而弗受，再受其殃"②，这里的实，无论指人还是牛、马，都是具体存在的客观事物。《齐物论》中，庄子讲了一个朝三暮四的故事："狙公赋芋，曰：'朝三而暮四。'众狙皆怒。曰：'然则朝四而暮三。'众狙皆悦。名实未亏而喜怒为用，亦因是也。"成玄英疏曰："列子曰：宋有养狙老翁，善解其意，戏狙曰：'吾与汝芋，朝三而暮四，足乎？'众狙皆起而怒。又曰：'我与汝朝四而暮三，足乎？'众狙皆伏而喜焉。朝三暮四，朝四暮三，其于七数，并皆是一。名既不亏，实亦无损，而一喜一怒，为用愚迷。"③这里的实指的是芋，是实实在在的物，无论是朝三暮四还是朝四暮三，芋没有变，芋的数量也没有变，所以庄子说"名实未亏"。《庚桑楚》言："灭而有实，鬼之一也。以有形者象无形者而定矣。"对于"灭而有实，鬼之一也"，王先谦云："其性既灭，虽有形骸之实，自谓生存，吾以为鬼之一也。"④则此处的实指的是形骸，庄子这里明确指出实是"有形者"。

①张亨：《思文之际论集——儒道思想的现代诠释》，北京：新星出版社，2006年版，第5页。
②《庄子·天道》。
③郭庆藩：《庄子集释》，北京：中华书局，2005年版，第73页。
④王先谦：《庄子集解》，北京：中华书局，1987年版，第203页。

　　客观事物具体的存在形式不限于牛、马、人、苇这些实有的物，可以是行为，也可以是抽象的概念。《大宗师》中，颜回问仲尼曰："孟孙才，其母死，哭泣无涕，中心不戚，居丧不哀。无是三者，以善处丧盖鲁国，固有无其实而得其名者乎？回壹怪之。" 孟孙才以善处丧闻名于鲁国，但是母亲去世时却未表现出悲伤，颜回认为善处丧之实应该是表现出悲伤，这里的实指的是行为。《知北游》："汝唯莫必，无乎逃物。至道若是，大言亦然。周遍咸三者，异名同实，其指一也。"成玄英疏："周悉普遍，咸皆有道。此重明至道不逃于物，虽有三名之异，其实理旨归则同一也。"① 周遍咸是名，而实指的是道这一抽象概念。

　　张亨先生说："庄子对现象界的'实在'虽然采取否定的态度，但是对于绝对的实在却是肯定的。"② 这种说法是值得商榷的。庄子否定"名"，对物持怀疑态度，但从未否定过任何的实在，不管是现象界的实在还是绝对的实在。试举几例。

　　许由曰："子治天下，天下既已治也，而我犹代子，吾将为名乎？名者，实之宾也，吾将为宾乎？鹪鹩巢于深林，不过一枝；偃鼠饮河，不过满腹。归休乎君，予无所用天下为！"（《庄子·逍遥游》）

　　成玄英疏曰："许由偃蹇箕山，逍遥颖水，膻腥荣利，厌秽声名。而尧殷勤致请，犹希代己，许由若高九五，将为万乘之名。然实以生名，名从实起，实则是内是主，名便是外，是宾。舍主取宾，丧内求外，既非隐者所尚，故云吾将为宾也。"③ 许由是著名隐士，视名声如敝屣，不愿代替尧暴享大名，但是他也承认尧的努力使天下大治，认为这是"实"，而名声是由实"派生出来的。因此成疏认为："然实以生名，

① 郭庆藩：《庄子集释》，北京：中华书局，2005 年版，第 751 页。
② 张亨：《思文之际论集——儒道思想的现代诠释》，北京：新星出版社，2006 年版，第 6 页。
③ 郭庆藩：《庄子集释》，北京：中华书局，2005 年版，第 25 页。

名从实起，实则是内是主，名便是外，是宾。舍主取宾，丧内求外，既非隐者所尚。"这段文字明确地肯定了实，而对于由实派生出的名持否定的态度。

《天道篇》曰："昔者子呼我牛也而谓之牛；呼我马也而谓之马。苟有其实，人与之名而弗受，再受其殃。吾服也恒服，吾非以服有服。"这里也首先肯定了实，并认为名要与实相对应。

《则阳篇》曰："安危相易，祸福相生，缓急相摩，聚散以成。此名实之可纪，精微之可志也。"成玄英疏："志，记也。夫阴阳之内，天地之间，为实有名，故可纲可纪。假令精微，犹可言记，至于重玄妙理，超绝形名，故不可以言象求也。"[1] 这里不仅承认有名有实，还认为名实在一定范围内是可以言记的。

上述例子证明，庄子绝不是虚无主义者，他始终明确承认各种"实"，无论是现象界的实在还是绝对的实在，肯定其在人类的认识范围内，都可以通过各种形式进行表达。

在"名"与"实"的关系上，庄子明确区分了主次："名者，实之宾也。"（《庄子·逍遥游》）杨国荣对此有深入的阐述。

"名"与"实"的关系，在以下论述中得到了具体的规定："名止于实，义设于适。"止有限定之意，"止于实"意味着"名"不能越出或偏离"实"。换言之，二者应当具有对应的关系。与"名"相对的"义"与"宜"相当，引申为当然之则，"适"则有合宜或适合具体情景之意，"义设于适"，表明当然之则的作用应以合乎具体的情景为前提，其中蕴含着对权变的肯定。[2]

---

① 郭庆藩：《庄子集释》，北京：中华书局，2005 年版，第 915 页。

② 杨国荣：《庄子哲学中的名与言》，载《中国社会科学》2006 年第 10 期。

在庄子看来，"实" 先于 "名" 而存在，"名" 由 "实" 派生出来，二者存在着主从关系。庄子对 "实" 的肯定与对 "名" 的否定决定了这种排序。在庄子思想中，"名" 作为符号系统是极不稳定的，"昔者子呼我牛也而谓之牛；呼我马也而谓之马"（《庄子·天道》）充分说明了 "名" 是变动不居的。在 "名" 与 "实" 的联系上，庄子所谓 "名者，实之宾也"，只是为二者排列主次，并非肯定二者的必然联系，对人的称呼可以为牛，也可以为马，可见 "名" 与 "实" 并没有太多相关性。

庄子的这种名实主张，与孔子表现出完全不同的旨趣。孔子认为："名不正，则言不顺；言不顺，则事不成；事不成，则礼乐不兴；礼乐不兴，则刑罚不中；刑罚不中，则民无所措手足。"[1]孔子由名到事的排序，可以看出，在 "名" 与 "实" 的关系上，孔子表现了 "名" 先 "实"后的倾向，孔子希望首先固定 "名" 作为符号系统规定的内涵，然后由"名" 到 "实"，纠正人们的行为，恢复宗法制度的统治秩序，庄子的名实主张正是对此坚决的回击。由此看来，庄子在名实关系上的主张、庄子对 "名" 的否定，是对儒家 "正名" 思想的否定，更是对以 "名分"为基础的宗法制度的否定。

第三节　　道通为一与道术为天下裂

"分" 是 "名" 范畴中重要的内容之一。庄子对于 "分" 的态度是

---

[1] 程树德：《论语集释》，北京：中华书局，1990 年版，第 892 页。

否定的。"分"把本来和谐一体的物分离出来，并以"成心"设立等级，必然导致独立出来而等级分明的个体之间的矛盾，人类的名利之心被进一步激发，"终身役役而不见其成功"①。

儒家认为，没有礼的约束，人民会失去本性。如《左传·昭公二十五年》载：

子大叔见赵简子，简子问揖让周旋之礼焉。对曰："是仪也，非礼也。"简子曰："敢问何谓礼？"对曰："吉也闻诸先大夫子产曰：'夫礼，天之经也。地之义也，民之行也。'天地之经，而民实则之。则天之明，因地之性，生其六气，用其五行。气为五味，发为五色，章为五声，淫则昏乱，民失其性。是故为礼以奉之：为六畜、五牲、三牺，以奉五味；为九文、六采、五章，以奉五色；为九歌、八风、七音、六律，以奉五声；为君臣、上下，以则地义；为夫妇、外内，以经二物；为父子、兄弟、姑姊、甥舅、昏媾、姻亚，以象天明，为政事、庸力、行务，以从四时；为刑罚、威狱，使民畏忌，以类其震曜杀戮；为温慈、惠和，以效天之生殖长育。民有好、恶、喜、怒、哀、乐，生于六气。是故审则宜类，以制六志。哀有哭泣，乐有歌舞，喜有施舍，怒有战斗；喜生于好，怒生于恶。是故审行信令，祸福赏罚，以制死生。生，好物也；死，恶物也；好物，乐也；恶物，哀也。哀乐不失，乃能协于天地之性，是以长久。"

简子曰："甚哉，礼之大也！"对曰："礼，上下之纪，天地之经纬也，民之所以生也，是以先王尚之。故人之能自曲直以赴礼者，谓之成人。大，不亦宜乎？"简子曰："鞅也请终身守此言也！"

———————————

① 《庄子·齐物论》。

儒家制定繁复的礼，"以奉五味，以奉五色，以奉五声"，目的是分出君臣、上下、夫妇、外内，并且以刑罚、威狱强制实行。儒家从天那里找到礼的根据："夫礼，天之经也。地之义也。"认为遵守礼，"乃能协于天地之性，是以长久"。

庄子对此反问道："百骸、九窍、六藏、赅而存焉，吾谁与为亲？汝皆说之乎？其有私焉？如是皆有为臣妾乎？其臣妾不足以相治乎？其递相为君臣乎？"①百骸、九窍、六藏对人来说，缺一不可，如果非要分出君臣，那么谁与为亲？如何抉择？这个问题儒家很难回答，庄子由此揭示了礼荒谬的一面。

庄子哲学最高的概念是"道"，"道"是块然未分的状态。《齐物论》说："故为是举莛与楹，厉与西施，恢诡谲怪，道通为一。"草茎与庭柱、丑人与美女，种种奇奇怪怪的事物从道的角度来看是相通为一的。这是理想的状态，而在现实世界中，"名"却是"分"，而"分"意味着毁。所以《齐物论》说："其分也，成也；其成也，毁也。凡物无成与毁，复通为一。唯达者知通为一，为是不用而寓诸庸。庸也者，用也；用也者，通也；通也者，得也。适得而几矣。因是已，已而不知其然谓之道。"《天下篇》感慨："后世之学者，不幸不见天地之纯，古人之大体。道术将为天下裂。"道术为天下裂，一方面表现为分，另一方面表现为杂。《人间世》中，颜回要到卫国辅佐卫君，孔子告诫说：

"嘻，若殆往而刑耳！夫道不欲杂，杂则多，多则扰，扰则忧，忧而不救。古之至人，先存诸己而后存诸人。所存于己者未定，何暇至于

①《庄子·齐物论》。

暴人之所行！且若亦知夫德之所荡而知之所为出乎哉？德荡乎名，知出乎争。名也者，相札也；知也者争之器也。二者凶器，非所以尽行也。"

这里，庄子借孔子之口表达了对"道术为天下裂"的担心，道杂会导致一系列后果：多、扰直至不救，连自身都难保。德超过限度便会导致好名。庄子认为"名"是凶器，因为"名"会促使人们互相倾轧。颜回到卫国去，必将逞智求"名"，影响到卫君，招致祸患。对于道之纯粹，庄子还以水作比喻："水之性，不杂则清，莫动则平；郁闭而不流，亦不能清；天德之象也。故曰：纯粹而不杂，静一而不变，淡而无为，动而以天行，此养神之道也。"（《刻意》）认为水不杂则清，但是也不能郁闭而不流，成为死水。由"分"而产生的"名""知"以及由"名"而生的"礼"等儒家的主张，都是道之外的杂物，是多余的东西。以上种种，搅动着社会，使其不得安宁。

"道"是庄子思想中最重要的范畴，是庄子"名"思想的逻辑基础。庄子对"名"的一系列看法，都是由"道"的特性派生出来的。庄子的"道"有宇宙本体的含义。

夫道有情有信，无为无形；可传而不可受，可得而不可见；自本自根，未有天地，自古以固存；神鬼神帝，生天生地；在太极之先而不为高，在六极之下而不为深，先天地生而不为久，长于上古而不为老。（《大宗师》）

这里描绘了"道"的本然之貌"有情有信，无为无形；可传而不可受，可得而不可见"，强调了其"自本自根，自古以固存"，也指出其生发万物的功能："神鬼神帝，生天生地"，可见"道"是宇宙本体，

117

是一切存在的根据。

《天道》篇借老子之口说："夫道，于大不终，于小不遗，故万物备。广广乎其无不容也，渊渊乎其不可测也。"讲"道"无所不包，这也是宇宙本体的特点。

从认识论的角度来看，"道"是"可传而不可受、可得而不可见、渊渊乎其不可测"①的。"道"超出了人类认识的范围，但是"道"却具有普遍性，支配一切，无所不包。"道"的普遍性与人类认识的局限性，构成了庄子"名"思想的一个对立面，由此引出了庄子"齐物论"的思想。庄子肯定了"道"的绝对性，否定了人类认识的普遍性。

庄子的"名"思想，旨在破除人类自我中心主义。人类的世界，重视的是"言""辩"等物化的东西，"言""辩"等因为"彼""是"的不同，生出种种是非、可与不可。最具代表性的是儒墨之是非。对于儒墨之是非，成玄英疏曰："昔有郑人名缓，学于（求）〔裘〕氏之地，三年艺成而化为儒。儒者祖述尧舜，宪章文武，行仁义之道，辩尊卑之位，故谓之儒也。缓弟名翟，缓化其弟，遂成於墨。墨者，禹道也。尚贤崇礼，俭以兼爱，摩顶放踵以救苍生，此谓之墨也。而缓翟二人，亲则兄弟，各执一教，更相是非。缓恨其弟，感激而死。然彼我是非，其来久矣。争竞之甚，起自二贤，故指此二贤为乱群之帅。"②天下的混乱正是由是非之争引起，各学派执着于是非，必然会导致兄弟相争，造成如缓翟二人的悲剧。

与人类世界相对的自然世界，则完全不同，"夫吹万不同，而使其

①《庄子·天运》。

②郭庆藩：《庄子集释》，北京：中华书局，2005年版，第65页。

自己也"[1]，郭象注："物皆自得之耳。"[2]自然界是万物皆自得的状态，人类社会之所以缺少这种自得之情，而产生儒墨之是非，原因之一是出现了"言"。"言"是"名"的表现形式之一，人类社会对于"言"的态度，往往是"言隐于荣华"，成玄英疏："荣华者，谓浮辩之辞，华美之言也。只为滞于华辩，所以蔽隐至言。"[3]人类执着于"言"所表达的内容，迷恋华美之言达到的效果，而在庄子看来，"言"是很值得怀疑的东西，"果有言邪？其未尝有言邪？"往往难以确定，"言者有言，其所言者特未定也"。

　　庄子是从性的角度观察人与万物的。《庄子》中多处提到"达生""至乐"，认为这才是人生最自然的形态。而儒家加于人身上的名分以及名分带来的责任与义务，恰恰是反自然之性，给人类带来了巨大的束缚和严重的异化。《至乐》篇讲到人与骷髅的对话是意味深长的。俗世以为，活在人世间是快乐的，南面而王是最高的快乐，而骷髅失去了生命，应该是最悲惨的，但恰恰是骷髅体会到了无尽的快乐，在这个意义上讲，到底是骷髅死了还是人死了，到底谁更接近于"人"？

---

[1]《庄子·齐物论》。

[2] 郭庆藩：《庄子集释》，北京：中华书局，2005年版，第50页。

[3] 郭庆藩：《庄子集释》，北京：中华书局，2005年版，第65页。

第四章　《黄帝四经》与《管子》四篇的「名」思想

第一节　《黄帝四经》的"名"思想

1973 年年底，在长沙东郊马王堆三号汉墓中，出土了一批帛书，其中包括两种《老子》写本，在帛书《老子》乙本卷前，有用隶书抄写的《经法》、《经》（原释《十大经》或《十六经》）、《称》、《道原》四篇古佚书。其中有很多有关黄帝言行的记述。唐兰先生认为这四篇古佚书即《汉书·艺文志》所载的《黄帝四经》[1]，这一观点已被学术界大多数学者所接受。

《黄帝四经》是否属于一人一时之作，学界有不同意见。陈鼓应先生认为："先秦诸子作品多非一人一时之作，这个观点目前已被学者们普遍接受。但是帛书《黄帝四经》则打破了这个一般观念。这部书主要是一人一时之作。"[2] 曹峰先生不同意这种看法："笔者并不同意将所谓的《黄帝四经》看作是由一人一时作成的一部完整的著作，也就是说《经法》《十六经》《称》《道原》虽然彼此间有着密切的联系，但其实又

---

[1] 唐兰：《马王堆帛书乙本卷前古佚书的研究》，载于《考古学报》1975 年第 1 期。
[2] 陈鼓应：《黄帝四经今注今译——马王堆汉墓出土帛书》，北京：商务印书馆，2007 年版，第 35 页。

是各自独立的作品，它们有着各自的论述重点、思想倾向和表达方式。"①
魏启鹏认为："这四篇虽然内在的思想体系比较一致，但不是一本书，
也不是一时一地一人之作，只是由齐国稷下学者整理而汇编为《黄帝四
经》。"②但是多数学者都认为，《黄帝四经》思想体系比较一致，多
有相通之处，这是我们研究其"名"思想的基础。

关于《黄帝四经》的"名"思想，曹峰先生的研究最为详尽。③曹
峰先生对《黄帝四经》的"名"进行了详细分类，并探讨了《黄帝四经》
的"审名"活动、"执道者"与"名"的关系、《黄帝四经》中"名"
与"法"的关系。本文侧重从历时性的角度分析《黄帝四经》的"名"
思想。

从历时性的角度看，《黄帝四经》的"名"在"名"思想的发展过
程中，介于《老子》与《鹖冠子》之间。《老子》中的"名"，抽象性
很强，强调物的本然性，甚至包含物的运行规律，这一点具有道的部分
特性，如"无名之朴""有名，万物之母"。《鹖冠子》的"名"，则
是道具体化的一种形态，是道在社会政治中发挥作用的一个重要环节。
《鹖冠子》谈到"名"，往往都是着眼于治理国家的实用角度。如《天
则》篇说："九皇之制，主不虚王，臣不虚贵阶级。尊卑名号，自君吏
民，次者无国，历宠历录，副所以付授，与天人参相结连，钩考之具不
备故也。下之所遁，上之可蔽，斯其离人情而失天节者也。"而《黄帝
四经》的"名"，弱化了《老子》中的抽象性，却还没有完全落到治理

① 曹峰：《黄帝四经所见"名"的分类》，载《湖南大学学报》，2007 年第 1 期。

② 魏启鹏：《马王堆汉墓帛书〈皇帝书〉笺证》，北京：中华书局，2004 年版，第 307 页。

③ 参见曹峰：《黄帝四经所见"名"的分类》，载《湖南大学学报》，2007 年第 1 期；曹峰：《黄
帝四经所见"执道者"与"名"的关系》，载《湖南大学学报》，2008 年第 3 期。这些文章
未发表之前，曹峰先生已将文章发给笔者，对笔者启发甚大，在此对曹峰先生表示深深的感谢！

国家的实用层面。《黄帝四经》的"名",仍然有很强的生成意味。①《黄帝四经》这种用法有很多。

　　无形无名,先天地生,至今未成。(《行守》)

　　有物始(生),建于地而洫(溢)于天,莫见亓(其)刑(形),大盈冬(终)天地之间而莫知亓(其)名。(《经法·名理》)

　　恒无(无)之初,迵(通)同大(太)虚。虚同为一,恒一而止。湿湿梦梦,未有明晦。神微周盈,精静不配(熙)。古(故)未有以,万物莫以。古(故)无(无)有刑(形),大迵(通)无(无)名。万物得之以生,百事得之以成。人皆以之,莫知亓(其)名。人皆用之,莫见亓(其)刑(形)。(《道原》)

　　是故上道高而不可察也,深而不可则(测)也。显明弗能为名,广大不能为刑(形),独立不偶,万物莫之能令。(《道原》)

　　见知之道,唯虚无(无)有。虚无(无)有,秋稿(毫)成之,必有刑(形)名。刑(形)名立,则黑白之分已。(《经法·道法》)

　　道无(无)始而有应。亓(其)未来也,无(无)之。亓(其)已来,如之。有物将来,亓(其)刑(形)先之。建以亓(其)刑(形),名以亓(其)名。(《称》)②

　　《行守》言"无形无名,先天地生,至今未成",是说形名仍然处于"道"向具体事物转化的过程中,至今没有完成,这里的"形""名"完全是生成意义上的,虽然比《老子》的"名"具体,但仍然没有发展

---

① 这一点,曹峰先生有详细论述。
② 本文所引《黄帝四经》文字,以陈鼓应先生的《黄帝四经今注今译——马王堆汉墓出土帛书》为准,参以魏启鹏先生的《马王堆汉墓帛书〈皇帝书〉笺证》。

到作为治理国家依据的地步。"有物始(生),建于地而洫(溢)于天,莫见元(其)刑(形),大盈冬(终)天地之间而莫知元(其)名"也是在讲"物"的生成过程,"物"和"名"都没有任何政治意味,更没有发展到"名"成为治理国家重要手段的程度。

上述两例"形""名"还处于未成阶段,到"见知之道,唯虚无(无)有。虚无(无)有,秋稿(毫)成之,必有刑(形)名。刑(形)名立,则黑白之分已"。"形""名"才进入了人们认识的视野。《黄帝四经》出现这么多生成意义上"名"的论述,只能说明"名"的理论还处于发展的初级阶段。

《黄帝四经》中,也提及了君主与"名"的关系,但君主治理国家,对名的使用还集中在察,也就是认识的阶段。例如:

名实相应则定,名实不相应则争。名自命也,物自正也,事之定也。三名察则尽知情伪而不惑矣。(《经法·论》)

审三名以为万事稽,察逆顺以观于霸王危亡之理,知虚实动静之所为,达于名实相应,尽知情伪而不惑,然后帝王之道成。(《经法·论》)

正者,事之根也。执道循理,必从本始,顺为经纪。(《经法·四度》)

美恶有名,逆顺有形,情伪有实,王公执之以为天下正。(《经法·四度》)

故执道者之观于天下也,必审观事之所始起,审其形名。形名已定,逆顺有位,死生有分,存亡兴坏有处,然后参之于天地之恒道,乃定祸福死生存亡兴坏之所在。是故万举不失理,论天下无遗策。故能立天子,置三公,而天下化之:之谓有道。(《经法·论约》)

天下有事,必审其名。名理者,循名究理之所之,是必为福,非必

为灾。故执道者之观于天下也，见正道循理，能与曲直，能与终始。故能循名究理。形名出声，声实调和。（《经法·名理》）

　　"正者，事之根也。执道循理，必从本始"，"正"的主要内容是"正名"，这里强调"名"是执道循理的根本之一，说明"名"作为治国的重要性尚未被普遍接受。"名实相应则定，名实不相应则争""天下有事，必审其名。名理者，循名究理之所之，是必为福，非必为灾""形名已定，逆顺有位，死生有分，存亡兴坏有处"，分别论述名实、名理、形名的作用，更加确定了我们的这种判断，在先秦文献中，《黄帝四经》最为集中地论述了"名"对于治国的重要性。《黄帝四经》也初步涉及了以"名"治国，如"审三名以为万事稽，察逆顺以观于霸王危亡之理，知虚实动静之所为，达于名实相应，尽知情伪而不惑，然后帝王之道成。""美恶有名，逆顺有形，情伪有实，王公执之以为天下正。""故执道者之观于天下也，必审观事之所始起，审其形名""故执道者之观于天下也，见正道循理，能与曲直，能与终始"，但这些都不是单独的论述，总是结合对"名"的重要性的论证，作为结论而出现。虽然谈到以"名"治国，但讲的都是大道理，对于具体措施则付之阙如。

　　而在《鹖冠子》那里，"名"的作用已经完全不需要论证，已经被视为恒定的真理，其论述完全集中在如何通过"名"治理国家上。可见在"名"思想发展史上，《黄帝四经》在前、《鹖冠子》在后。《黄帝四经》与《鹖冠子》有一段相近的论述，从中也可以看出二者的先后顺序。《经法·君正》有一句话："号令者，连为什伍，选练贤不肖有别也。"这可以视为依靠"名"所规定的上下尊卑治理国家的措施，简单的一句话，到《鹖冠子》发展成大段论述："其制邑理都使曚习者，五家为伍，伍为之长，十伍为里，里置有司，四里为扁，扁为之长，十扁为乡，乡置师，五乡为县，县有啬夫治焉，十县为郡，有大夫守焉，命曰官属。郡大夫退脩其属县，啬夫退脩其乡，乡师退脩其扁，扁长退脩其里，里有司退脩其伍，伍长退脩其家。事相斥正，居处相察，出入相司。"可见，"名"的理论和实践措施在《黄帝四经》还处于初级阶段，到《鹖冠子》则相当成熟了。

对于《黄帝四经》的成书时间，白奚说："笔者在研读《四经》时注意到这样一个事实：不少战国中后期思想界普遍关注、讨论十分热烈的问题和习见的观念、说法，在《四经》中都没有涉及；同时，一些在战国中后期已经发展得较为成熟或基本定型的思想和理论，在《四经》中尚处于草创阶段。因而，将《四经》同战国中后期的作品放在一起，总显得有些不协调。如果《四经》是出于战国中期以后，那么这些问题、观念和思想理论就理应在《四经》中反映出来。这恐怕只有一种合理的解释，那就是它们不是同一个时代的作品。据此，笔者认为，《黄帝四经》的成书年代，应定在战国早中期之际。"① 陈鼓应先生说："帛书《黄帝四经》应是黄老学派的最早著作，一般学者认为它成书于战国末期，将它的时代拉晚了一两百年。唐兰先生根据司马迁所说'申子之学，本于黄老而主刑名'等的记载，以及今存《申子》受《黄帝四经》影响的情况，推定它成书的下限是在申不害相韩，即公元前351年之前，是值得重视的。从各方面的情况来看，《黄帝四经》成书的年代相当早，应在战国中期之前。"② 从《黄帝四经》"名"思想的角度来看，白奚先生和陈鼓应先生关于《黄帝四经》早出的推论是合理的。

① 白奚：《稷下学研究——中国古代的思想自由与百家争鸣》，北京：生活·读书·新知三联书店，1998年版，第99页。
② 陈鼓应：《黄帝四经今注今译——马王堆汉墓出土帛书》，北京：商务印书馆，2007年版，第37页。

第二节　《管子》四篇的"名"思想

　　今本《管子》是西汉刘向整理编定的，但《管子》一书非一人一时之作，已成公论。胡适先生认为："《管子》这书，定非管仲所作，乃是后人把战国末年一些法家的议论和一些儒家的议论和一些道家的议论，还有许多夹七夹八的话，并作一书。又伪造了一些桓公与管仲问答诸篇，又杂凑了一些记管仲功业的几篇，遂附会为管仲所作。"[①] 至于成书年代和作者，以白奚的看法最为典型："《管子》的成书年代，目前学术界大体认为是在战国期间，多数学者认为是稷下学宫时期，这样的看法是可信的。对年代做了这样的确定，也就等于确定了作者，他们就是稷下学宫中的先生和学士。"[②]《管子》的思想内容，如果从学派的角度来看，显得非常驳杂，既有儒家思想，也有道家思想，同时吸收了法家、阴阳家等学派的思想。但是大多数学者都承认，《管子》思想有自己的核心。张连伟认为："在先秦子书中，《管子》没有门户之见，兼收并蓄，服务于治国安邦的大道，是一种开放性思想的体现。"[③] 廖苍洲认为："《管子》一书载管仲的思想、言行，虽经管仲后学历代相传，陆续完成，

---

① 胡适：《中国哲学史大纲》，北京：东方出版社，1996 年版，第 11 页。

② 白奚：《稷下学研究——中国古代的思想自由与百家争鸣》，北京：生活·读书·新知三联书店，1998 年版，第 218 页。

③ 张连伟：《〈管子〉哲学思想研究》，成都：巴蜀书社，2008 年版，第 21 页。

仍保有'经理略定天下'经略学派的基本特质。即以经世治国思想为核心，涉及政治、经济、军事等各领域，兼容儒、道、法、兵、阴阳等各学派精华，擘画治国理论和实践方针，展现雄才大略和深谋远虑的政治哲思，更体现管仲学派兼容并蓄、议论精辟，见解深邃，影响深远的经世治国百科全书。"[①]

　　《管子》一书中，《心术上》《心术下》《内业》《白心》四篇因其内容的独特性和一致性而受到人们的高度重视。郭沫若认为，这四篇是宋钘、尹文的遗著[②]，更多的学者将其视为黄老之作。白奚说："《管子》中的《心术》上下、《内业》、《白心》、《枢言》、《宙合》、《九守》等篇，由于侧重于以道家哲学论说法家政治的理论建设工作，并同时注重吸收别家（特别是儒家）的长处，因而在《管子》中格外引人注目，通常被视为《管子》中的黄老学派的作品……这几篇重要的论文是今存战国中叶黄老之学成熟时期的主要代表作。"[③]陈鼓应也认为："《管子》一书融会各家学说，然其中却有不少黄老思想的篇章，如《心术上》《心术下》《内业》《白心》四篇，以及《形势》《宙合》《枢言》《水地》等作品，其中《管子》四篇更是黄老思想的代表作。"[④]笔者同意白奚先生和陈鼓应先生的看法，将《管子》四篇看作黄老思想的作品。

[①] 廖苍洲：《〈管子〉书刍议》，载《修平人文社会学报》2004年第3期。

[②] 郭沫若说："我无心之间从现存的《管子》书中，发现了宋宋钘、尹文的遗著，那便是《心术》、《内业》、《白心》、《枢言》，那么几篇了。"见《郭沫若全集》历史编第一卷，北京：人民文学出版社，1982年版，第551页。

[③] 白奚：《稷下学研究——中国古代的思想自由与百家争鸣》，北京：生活·读书·新知三联书店，1998年版，第220页。

[④] 陈鼓应：《管子四篇诠释——稷下道家代表作解析》，北京：商务印书馆，2006年版，第17页。

《管子》四篇的"名"思想，理论色彩较少。《鹖冠子》中，"名"与"道"的联系很明显，"名"是"道"通向实践环节的重要节点，处在一个道向下的系统中，这个系统一般是一→气→意→图→名→形→事→约，但在《管子》四篇中，"名"与"道"没有直接的联系。相反，《心术上》认为"虚无无形谓之道"，同时又言"物固有形，形固有名"，"道"是"虚无无形"的，"名"却与实实在在的"物"和"形"联系在一起，"道"和"名"并没有一个中间环节进行转化，这体现出《管子》四篇的"名"思想的特点："名"被限定在实践环节，完全是为君主治理国家服务的。正如张舜徽先生所言："（《管子》）即今所存七十六篇之中，糅杂亦甚矣。而言人君南面之术者，往往在焉，如《心术》上下、《内业》、《白心》四篇皆是也……其间精义要旨，足与《道德》五千言相发明也。"①"名"是为人君治国服务的，是人君治理天下之术的一部分，所以《管子》四篇提到的"名"，往往是与君主、圣人联系在一起的。如：

物固有形，形固有名，名当，谓之圣人。（《心术上》）

"物固有形，形固有各"，此言（名）不得过实、实不得延名。姑形以形，以形务名，督言正名，故曰"圣人"。（《心术上》）②

名者，圣人之所以纪万物也。（《心术上》）

凡物载名而来，圣人因而财之，而天下治。（《心术下》）

是以圣人之治也，静身以待之，物至而名自治之。正名自治之，奇身名废，名正法备，则圣人无事。（《白心》）

---

① 张舜徽：《周秦道论发微》，北京：中华书局，1982年版，第199页。

② 本文所引用《管子》四篇文字，依据陈鼓应先生的《管子四篇诠释——稷下道家代表作解析》。

　　"名"与君主的关系包含两方面。一方面，"名"对君主所起的作用："名者，圣人之所以纪万物也。""名"是君主掌握万物的基础，张舜徽认为"物犹人也，众也。万物，谓群下也。"①直接点明"名"是君主控制臣下的工具。郭沫若说："道之本身难以'不言''无为'为纲纪，然而在乎人事，则圣人以名纪万物。"②都是看到了"名"在治理国家中所起的作用。"凡物载名而来，圣人因而财之，而天下治"，对于"名"的作用说得更清楚，"名"就是圣人用来治理天下的工具。对于君主来说，必须正确认识"名"的本质和作用，否则便称不上"圣人"。另一方面，《管子》四篇对圣人如何通过"名"治理国家也进行了详细的说明。《心术上》认为："名不得过实、实不得延名"，要"以形务名，督言正名""执其名，务其应，所以成"。韩非子有非常相近的主张：

　　用一之道，以名为首，名正物定，名倚物徒。故圣人执一以静，使名自命，令事自定。不见其采，下故素正。因而任之，使自事之；因而予之，彼将自举之；正与处之，使皆自定之。上以名举之，不知其名，复修其形。形名参同，用其所生。二者诚信，下乃贡情。谨修所事，待命于天，毋失其要，乃为圣人。③
　　有言者自为名，有事者自为形。形名参同，君乃无事焉。④

---

① 张舜徽：《周秦道论发微》，北京：中华书局，1982 年版，第 231 页。
② 郭沫若：《〈管子〉集校》，北京：科学出版社，1956 年版，第 648 页。
③《韩非子·扬权》。
④《韩非子·扬权》。

在"名"思想上，《管子》四篇与韩非子的主张是相同的，都提出君主应该将"形""名"结合起来，才能治理好国家。对于最终达到的目标，二者表述的语言几乎完全相同：《管子》四篇为"则圣人无事"，《韩非子》则为"君乃无事焉"。《管子》四篇与韩非子的这些相同点，表明二者在治理国家的具体方针上有着相同的见解。

《吕氏春秋·审应览》也有类似的阐述。

人主出声应容，不可不审。凡主有识，言不欲先。人唱我和，人先我随，以其出为之入，以其言为之名，取其实以责其名，则说者不敢妄言，而人主之所执其要矣。

"以其言为之名，取其实以责其名"，实际上仍然是《心术上》所谓的"督言正名"。

《管子》《韩非子》《吕氏春秋》在成书时间上有先有后，《管子》出现的时间最早。《韩非子·五蠹》篇说："今境内之民皆言治，藏商、管之法者家有之。""商、管之法"，指的是《商君书》和《管子》，可见《管子》出现在《韩非子》之前。《韩非子》《吕氏春秋》的成书先后没有争议，《韩非子》在前、《吕氏春秋》在后，二者皆晚于《管子》。而在"督言正名"治理国家的主张上，三者几乎毫无二致。可以肯定的是，《韩非子》《吕氏春秋》都是借鉴和吸收了《管子》四篇的观点和主张，由此可以看出，《管子》四篇中"名"思想的先进性和生命力。

在治国的措施上，除了以"名"治国外，"分"也是重要的方法之一。实际上，二者有着密切的联系。"督言正名"，必然将具体事务分配给臣下，这样君主才能无事。《管子》四篇中"分"的阐述则为以"名"治国提供了理论依据。《心术上》言"九窍之有职，官之分也"，以人的九窍各有职司，不能相互代替，说明百官分掌其职的合理性。又言"心之在体，君之位也"，以九窍比喻百官、以心比喻君主。心掌控九窍，则君主治国的关键，便是如心控制九窍般掌控百官，不从事具体事务，具体事务则由百官负责，这便是"分"的道理。下言"毋代马走，使尽其力""毋代鸟飞，使弊其羽翼"更是直言君主不能直接从事百官的分职，否则便不能充分发挥百官的能力。《心术上》解释这种分工是让百官恪守其分，如果"心有欲"，则"物过而目不见，声至而耳不闻也"，原因在于"心术者，无为而制窍者也。故曰'君'"。这是讲君主要秉本执要，如果陷入具体事务，只能让自己耳聋目盲。《吕氏春秋·审分览》对此有深入的分析。

　　人与骥俱走，则人不胜骥矣；居于车上而任骥，则骥不胜人矣。人主好治人官之事，则是与骥俱走也，必多所不及矣。夫人主亦有居车，无去车，则众善皆尽力竭能矣，谄谀诐贼巧佞之人，无所窜其奸矣，坚穷廉直忠敦之士，毕竟劝骋骛矣。人主之车，所以乘物也。察乘物之理，则四极可有。不知乘物，而自怙恃，夺其智能，多其教诏，而好自以，若此则百官恫扰，少长相越，万邪并起。权威分移，不可以卒，不可以教，此亡国之风也。

　　认为人主好治人官之事，就像和良马赛跑一样，这种做法只会颠倒尊卑关系，导致国家混乱，是亡国之风。人主的作用是借助外物掌控百官，即《心术上》所说的"无为而制窍者也"。张舜徽先生认为"心术者，犹云主术也；君道也。"① 可谓得其要义。这种君主执要，百官分职的思想后来被众多学派所接受。如《荀子·天论篇》曰："耳、目、鼻、口、形能，各有接而不相能也，夫是之谓天官；心居中虚以治五官，夫是之谓天君；财非其类，以养其类，夫是之谓天养；顺其类者谓之福，逆其类者谓之祸，夫是之谓天政。暗其天君，乱其天官，弃其天养，逆其天政，背其天情，以丧天功，夫是之谓大凶。"《韩非子·扬权篇》曰："事在四方，要在中央。圣人执要，四方来效。虚而待之，彼自以之。"

《管子》四篇主张的秉本执要、"无为而制窍"，明显受到了老子的影响。

是以圣人抱一为天下式。不自见，故明；不自是，故彰；不自伐，故有功；不自矜，故长。（《老子》第二十二章）

道常无为而无不为。侯王若能守之，万物将自化。化而欲作，吾将镇之以无名之朴。镇之以无名之朴，夫将不欲。不欲以静，天下将自正。（《老子》第三十七章）

故圣人云："我无为，而民自化；我好静，而民自正；我无事，而民自富；我无欲，而民自朴。"（《老子》第五十七章）

在这几章里，老子提出"无为""好静""无事""无欲"的思想，都被《管子》四篇吸收并有所发展。这些思想在《老子》中只是笼统的原则，在《管子》四篇中则有详细的解释。"无事""无欲"

---

① 张舜徽：《周秦道论发微》，北京：中华书局，1982年版，第203页。

说的都是君主不要代替百官处理具体的事务，《管子》四篇重点阐述了这样做的危害："嗜欲充益，目不见色，耳不闻声。故曰上离其道，下失其事。""静"更是成为《管子》四篇的中心内容之一，从治理国家到个人修身，无不需要"静"。　如《心术上》强调君主"毋先物动，以观其则。动则失位，静乃自得"，并认为"阴则能制阳矣，静则能制动矣"，与《老子》的"不欲以静，天下将自正"一脉相承；《内业》言："天主正，地主平，人主安静。"也是从治国角度提出的主张。下文说"人能正静，皮肤裕宽，耳目聪明，筋信而骨强"，则将"静"从治国扩展到修身。

　　《管子》四篇讨论了"名""实"关系，在二者的先后顺序上，陈鼓应先生认为：

　　在"名不得过实、实不得延名"名实相符的要求中，解文"以形务名"以及"督言正名"之说，意指根据事物的实际形态而求得相应的名称，以及监察人物言行而正定相应的名分之意义下，已然强调"实"是"名"设立的依据，"实"相较于"名"显然呈现逻辑上的优先性。可以说，稷下道家在"名""实"问题上，虽同儒家一样言及"正名"之论，不过稷下道家是以"实"作为第一性；而儒家虽亦强调"名实相符"，但显然不放松诸如君臣父子长幼等名分礼义规范中所具有的重要地位。是故，在逻辑上"名"不必然屈于"实"下。①

　　陈鼓应先生认为稷下道家思想中，"实"相较于"名"，显然呈现出逻辑上的优先性，这种看法有其根据。四篇中除"以形务名"外，还

①陈鼓应:《管子四篇诠释——稷下道家代表作解析》，北京：商务印书馆，2006年版，第161页。

有"原始计实，本其所生。知其象则索其形，缘其理则知其情，索其端则知其名"的语句，由"象"到"形"再到"名"，似乎强调"实"先"名"后；但在"名者，圣人之所以纪万物也"（《心术上》）"名正法备，则圣人无事"（《白心》）等语句中，似乎"名"的位置要高于"实"；而在"凡物载名而来，圣人因而财之，而天下治"（《心术下》）中，似乎在强调"名"和"物"的同步性，"名"和"物"只有同时产生，才能说"凡物载名而来"，"名"和"物"同时产生，则"名"和"实"何者为先就无从比较了。《管子》四篇"名"和"实"关系的多样性，并不能说明《管子》四篇的思想自相矛盾，只能说明《管子》四篇根本没有为"名""实"比较先后高下的意图。

"法"是《管子》四篇中的重要概念之一。《心术上》言："杀僇禁诛谓之法。"这是着眼于"法"的社会功能。值得注意的是，"法"显然不是治国的主要方法，而是和"道""德""义""礼"一起承担着维持社会秩序的任务。《心术上》言："虚无无形谓之道，化育万物谓之德，君臣、父子人间之事谓之义，登降揖让、贵贱有等、亲疏之体谓之礼，简物、大一道，杀僇禁诛谓之法。"就重要性来说，"法"可能是最后的一种选择。《管子》四篇中，"法"和"道"有着密切的联系，上文所引文字隐含着"法"由"道"发展而来的意思，下文则直言"法"由"道"出："故事督乎法，法出乎权，权出于道。"（《心术上》）这里可见"道"生"法"的含义，"法"和"道"之间的联系环节是"权"，而在《鹖冠子》中，"法"和"道"之间重要的联系环节是"名"。在《管子》四篇中，"名"和"道"未见直接联系，"名"和"法"的联系只有一处："名正法备，则圣人无事。"（《白心》）"名"和"法"都是圣人治理国家的工具，没有逻辑上的先后顺序。《管子》四篇中，"名"独立于"道""法"之外，"道"生"法"的过程中还没有"名"这一环节，说明此时"名"思想还处于发展的前期阶段，在理论上和实践中都没有受到足够的重视。

第五章　《鶡冠子》的「名」思想

从《汉志》开始，《鹖冠子》见于多部史志目录。

《汉书·艺文志》载："《鹖冠子》一篇。"并注云："楚人，居深山，以鹖为冠。"[1]《隋书·经籍志》载《鹖冠子》三卷。新旧《唐书》的记载同《隋书》。宋代《崇文总目》说《鹖冠子》"今书十五篇"。[2]

晁公武《郡斋读书志》则称八卷，言"今书乃八卷：前三卷十三篇，与今所传《墨子》书同，中三卷十九篇，愈所称两篇皆在。宗元非之者，篇名《世兵》，亦在，后两卷有十九篇，多称引汉以后事，皆后人杂乱附益之。今削去前后五卷，止存十九篇，庶得其真。"[3]

宋濂则说《鹖冠子》"著书四卷，因以名之"。[4]

《四库全书》收有《鹖冠子》三卷十九篇。[5]

唐代柳宗元最早对《鹖冠子》的真伪提出疑问："余读贾谊《鵩赋》，嘉其辞，而学者以为尽出《鹖冠子》。余往来京师，求《鹖冠子》，无所见；至长沙，始得其书，读之，尽鄙浅言也，唯谊所引用为美，余无

[1] 班固：《汉书》，北京：中华书局，1962年版，第1730页。
[2] 王尧臣：《崇文总目》，第136页。见王云五：《丛书集成初编》，上海：商务印书馆，1937年版。
[3] 晁公武：《郡斋读书志》，南京：江苏古籍出版社，1988年版，第321—322页。
[4] 宋濂：《诸子辩》，北京：朴社，1926年版，第12页。
[5] 李笑岩：《先秦黄老之学的渊源与发展》，山东大学博士论文，2009年，第127页。

可者。吾意好事者伪为其书，反用《鹏赋》以文饰之，非谊有所取之，决也。太史公《伯夷列传》称贾子曰：‘贪夫殉财，烈士殉名，夸者死权。’不称《鹖冠子》。迁号为博极群书，假令当时有其书，迁岂不见耶？假令真有《鹖冠子》书，亦必不取《鹏赋》以充入之者。何以知其然耶？曰：不类。”①

自此之后，《鹖冠子》多被视为伪书，至近代几成定论。马王堆汉墓出土古佚书为《鹖冠子》辨伪提供了转机，部分学者开始重新审视《鹖冠子》，认为其并非伪书。吴光先生针对“言辞浅鄙”“剽窃”“司马迁不称”“篇数历代不同”等指控，一一作了分析与考证，认为：“今本《鹖冠子》除《世兵》《世贤》《武灵王》三篇可能是《庞煖》书混入之外，其余十六篇则是《鹖冠子》原书。”②这种观点逐渐为学界所接受。李学勤先生将《鹖冠子》与《黄帝书》、1942 年长沙子弹库出土的楚帛书进行比较，认为《鹖冠子》成书于焚书以前，与二者有紧密的联系。③

《鹖冠子》思想上属于黄老之学。“所谓黄老之学，就是假托黄帝立言，以老子思想为基础，综合阴阳、儒、墨、名、法之言而形成的一种新道家学说。”④司马谈在《论六家要旨》所谓：“使人精神专一，动合无形，赡足万物。其为术也，因阴阳之大顺，采儒墨之善，撮名法之要，与时迁移，应物变化，立俗施事，无所不宜，指约而易操，事少而功多”⑤，便是指黄老之学。《鹖冠子》在“名”思想上也表现出了这种特点。

① 柳宗元：《柳宗元集》，北京：中华书局，1979 年版，第 116 页。

② 吴光：《〈鹖冠子〉非伪书考辨》，载《浙江学刊》1983 年第 4 期。

③ 李学勤：《〈鹖冠子〉与两种帛书》，见《道家文化研究》第 1 辑，上海：上海古籍出版社，1992 年版，第 338—343 页。

④ 司马迁：《史记·太史公自序》，见《史记》，第 2486 页。

⑤ 司马迁：《史记·太史公自序》，见《史记》，第 2486 页。

第一节　　道的形而下转化与道名法系统

　　《鹖冠子》的"名"思想与《老子》"名"思想一脉相承，二者同时归本于道，"道"是《鹖冠子》"名"思想的理论基础，"名"思想则是"道"具体化的一种形态，是"道"在社会政治中发挥作用的一个重要环节。

　　《鹖冠子》对道的阐述明显受到《老子》的影响。《夜行》篇谈到五行、五政、五音、五声、五味，认为"此皆有验，有所以然者"，陆佃注云："其所以然者，道也"。对于何为"道"，《夜行》说：

　　随而不见其后，迎而不见其首。成功遂事，莫知其状。图弗能载，名弗能举。强为之说曰：芴乎芒乎，中有象乎，芒乎芴乎，中有物乎，窅乎冥乎，中有精乎。[①]

　　《老子》十四章这样描述"道"：

　　视之不见名曰夷，听之不闻名曰希，搏之不得名曰微。此三者，不可致诘，故混而为一。其上不皦，其下不昧。绳绳不可名，复归于无物。是谓无状之状，无物之象，是谓惚恍。迎之不见其首，随之不见其后。执古之道，以御今之有。能知古始，是谓道纪。

---

①本文所引《鹖冠子》及陆佃注，均以黄怀信：《鹖冠子汇校集注》，北京：中华书局，2004年版为主。

　　显而易见，《夜行》篇对道的描述是承继《老子》而来，道是道家思想最核心的概念，它既是万物存在的根源，也是万物运行的规律。《夜行》篇虽然用语有所不同，但对道的表述与《老子》几无二致。《老子》从视、听、搏三方面强调道对感官的超越，《鹖冠子》只集中于视觉："随而不见其后，迎而不见其首"；《老子》认为道"绳绳不可名"，《鹖冠子》则在此基础上提出了"图弗能载"。从符号与其内容的关系来讲，《鹖冠子》的符号系统似乎从语言扩大到了图画，其实这仍然是从《老子》十四章发展而来，是把"是谓无状之状，无物之象"具象化了而已。从中可以看到《老子》之道对《鹖冠子》的深刻影响。

　　《能天》篇中，对道的不可名进行了更详细的论述："一者德之贤也，圣者贤之爱也，道者圣之所吏也，至之所得也。以至图弗能载，名弗能举，口不可以致其意，貌不可以立其状，若道之象门户是也。"图、名无法表现道，口、貌同样无能为力，可以看出，《鹖冠子》极力想通过某种方式对道进行清晰的把握，"图弗能载，名弗能举，口不可以致其意，貌不可以立其状"，展现了作者对无法把握道的深深焦虑。

　　我们不能忽略《鹖冠子》这种细微的变化，它体现了《鹖冠子》对待道的旨趣变化。《老子》中的道在很大程度上是一个二元化的哲学概念，它无所不包，既是宇宙生成的本源，也是抽象事物运行的规律，同时涵盖了体和用两方面的内容。在《鹖冠子》中，对哲学意义上的道探讨的很少，更多的注意力集中在道之用上。陈盈全认为："《鹖冠子》一书中虽然出现了许多'道'的论述，但其指涉的多是形而下的'道'，转变词汇的目的是为了提供统治集团更广大的诠释与操作空间，其偏重

'道'论的社会功能。"①这种变化也是《鹖冠子》对老子道论的深化和发展。

《博选》篇所说的道反映了这种形而下的旨趣："道凡四稽：一曰天，二曰地，三曰人，四曰命。"作为《鹖冠子》的首篇，开篇并没有探讨道本身是什么，而是直奔道之用。张金城曰："稽，《广雅》《释言》：考也。此言道体无形，不可直指，然稽之于天、地、人、命，则可知矣。"②"四稽"，即四种了解道的途径。这是《鹖冠子》提出的新概念。道本身虚无缥缈，如何直接认识它、把握它，在《老子》中没有明确的答案。《鹖冠子》提出四稽，这个问题就迎刃而解，人们可以通过天、地、人、命来了解道。《鹖冠子》通过四稽，将道具体化，着眼点便是道之用。同样的视角在《韩非子·解老》中也可以看到：

> 道者，万物之所然也，万理之所稽也。理者，成物之文也；道者，万物之所以成也。故曰："道，理之者也。"物有理不可以相薄，故理之为物之制。万物各异理，而道尽稽万物之理，故不得不化；不得不化，故无常操；无常操，是以死生气禀焉，万智斟酌焉，万事废兴焉。天得之以高，地得之以藏，维斗得之以成其威，日月得之以恒其光，五常得之以常其位，列星得之以端其行，四时得之以御其变气，轩辕得之以擅四方，赤松得之与天地统，圣人得之以成文章。

《韩非子》认为道是万理之所稽，道是各种事物形成的总依据。万物之理都由道生发出来，所以，道不得不化。"道化"，便是由形而上

---

① 陈盈全：《〈鹖冠子〉的道法思想——从天、地、人、命四稽谈起》，台湾大学硕士论文，2009年，第42页。

② 张金城：《鹖冠子笺疏》，载《台湾省立师范大学国文研究所集刊》，1975年，第十九号。

转为形而下的过程，这也是道显现于人的过程，所以，我们看到的道，便不是虚无缥缈的，而是可以看得到摸得着的天、地、维斗、日月、五常、列星、四时、轩辕乃至赤松和圣人。

由上可见，战国后期，道的具体化、实用化已经成为大势所趋，道家、法家都在考虑如何将道应用到社会生活实践中。

考察《鹖冠子》全书，只有《夜行》篇对道的性质进行了描述，其余涉及道的文字，几乎都着眼于道之用。如《能天》篇曰：

> 故其得道以立者，地能立之，其得道以仆者，地弗能立也，其得道以安者，地能安之，其得道以危者，地弗能安也，其得道以生者，天能生之，其得道以死者，天弗能生也，其得道以存者，天能存之，其得道以亡者，天弗能存也。

这里用排比句一再强调，事物的立仆、安危、生死、存亡完全是由道决定的。天地的立仆、安危、生死、存亡，都是道由抽象的普遍性具象到实有之物而产生的结果。

《能天》篇又云：

> 昔之得道以立至今不迁者，四时太山是也，其得道以危至今不可安者，苓峦埋豀豀木降风是也，其得道以生至今不亡者，日月星辰是也，其得道以亡至今不可存者，苓叶遇霜朝露遭日是也。

道凝成万物更加具体。四时、太山所得之道是立而不迁，所以千古不变；苓峦埋豀，豀木降风，所体现的是危道，所以至今不安。

"君者，天也。天不开门户，使下相害也，进贤受上赏，则下不相蔽，不待事人贤士显不蔽之功，则任事之人莫不尽忠，乡曲慕义，化坐自端，此其道之所致德之所成也。"[1] 这一处直接将君主治理国家与道联系起来。"天不开门户"，君主不按其道治理国家，结果便是"使下相害也"；反之，按道治理国家，则贤者不会被埋没，具体做事的人尽职尽责，即使乡间百姓也会举止端正。这是道直接验证在君主治理国家之上。

由以上例子可见，《鹖冠子》虽然认为道"图弗能载，名弗能举"，但却从天地、自然和治国等方面一一详述道的体现、道作用于万物的结果，这与"道凡四稽"表现的是同一追求：道的具体化、实用化。

《能天》篇进一步阐述："道者开物者也，非齐物者也。故圣，道也，道非圣也。道者，通物者也，圣者，序物者也。是以有先王之道，而无道之先王。故圣人者，后天地而生，而知天地之始，先天地而亡，而知天地之终。"指出道的作用便是生成万物，而不是为万物排定次序。道是宇宙生成的本源，但是它起的作用，却不得不落实到世间万物上。张金城引《大戴礼记·哀公问五义》曰："大道者，所以变化而凝成万物者也。"[2] 深得其义。陈盈全分析说："道是开物者而非齐物者，这里所论的齐、开与物的形体无关，说明的是万物在'天''然''气''发'时，其中的性质必有所转化，而开展出不同的万物，因此万物中有相同的性质，但也必有不同之处，而'道'的意义不在于齐一万物、让万物的性质趋同，而是在于开展了万物的殊异性质。万物经过'道'这个门户后便在世界开展了殊异之旅，成就了大千世界，所以万物的开展是与其性质的殊异有关的，而开物的说法也证明了《鹖冠子》主张的世界开

---

① 《鹖冠子·道端》。

② 张金城：《鹖冠子笺疏》，载《台湾省立师范大学国文研究所集刊》，1975年，第十九号。

展是由简单到复杂的。"①

　　《鹖冠子》"名"与道的密切联系，在先秦著作中是首屈一指的。《鹖冠子》提到道，往往总是与"名"思想联系在一起，这成为《鹖冠子》道论的重要特色。

　　彼天地之以无极者，以守度量，而不可滥，日不逾辰，月宿其列，当名服事，星守弗去，弦望晦朔，终始相巡，逾年累岁，用不缦缦，此天之所柄以临斗者也。中参成位，四气为政，前张后极，左角右钺，九文循理，以省官众，小大毕举。先无怨雠之患，后无毁名败行之咎。故其威上际下交，其泽四被而不霈。天之不违，以不离一，天若离一，反还为物。不创不作，与天地合德，节玺相信，如月应日。此圣人之所以宜世也。知足以滑正，略足以恬祸，此危国之不可安，亡国之不可存也。故天道先贵覆者，地道先贵载者，人道先贵事者，酒保先贵食者。（《天则》）

　　这一段论述了天道、地道、人道，涵盖了道的方方面面，但是每一个层面都紧扣名位进行论述。天地尽管无极，但却自有其法度，丝毫不乱，原因便是日月星辰各守其列，当名服事，谨守自己名位所规定的职责和任务。在《鹖冠子》看来，人道最重要的内容是治理国家，这方面更是离不开对名位的把握。圣人要治理好国家，犹如北斗控制天上的星辰，重要的是规定好各自的位置，严格遵守各自的名分。《论语·为政》指出："为政以德，譬如北辰，居其所而众星拱之。"孔子认为应当靠德来治理国家，德的作用犹如北斗星，如果以德治国，会像众星拱卫北

_____

① 陈盈全：《〈鹖冠子〉的道法思想——从天、地、人、命四稽谈起》，台湾大学硕士论文，2009 年，第 48 页。

辰一样受到拥戴，这里隐含了对名位的重视。《鹖冠子》则直接提出了"当名服事"，意味着德的重要性已经被名位取代，对国家的治理也由主观性的德转变为客观性的名位。"中参成位"，陆佃注曰："参天地而成位乎其中也。"文中的前后、左右、小大、先后，无一不是在强调位的重要性，位的内涵规定着名分，根据名位治理国家，才会"先无怨雠之患，后无毁名败行之咎""天之不违，以不离一，天若离一，反还为物。不创不作，与天地合德，节玺相信，如月应日"。这种治国方略用力甚少而功效甚大，与天地之德相合，不干扰事物的正常运转，这明显是承接了老子的无为而治，《老子》多谈治国的理想状态是无为而治，但对无为而治的具体方法论述得比较模糊，《鹖冠子》提出谨守名位，是无为而治的具体化和实践化。上文论述天道、地道、人道，最终都落实到名分上，《世兵》篇重点谈兵道，同样要借助"名"起作用。"道有度数，故神明可交也，物有相胜，故水火可用也，东西南北，故形名可信也。"《世兵》篇谈论用兵之法，却先从刑名开始，隐含的观念当为刑名也是用兵之道的来源之一。

"太一"是与道相关的一个重要概念，在先秦典籍中多处出现。

是故夫礼必本于太一，分而为天地，转而为阴阳，变而为四时，列而为鬼神，其降曰命，其官于天也。（《礼记·礼运》）

音乐之所由来者远矣，生于度量，本于太一。太一出两仪，两仪出阴阳，阴阳变化，一上一下，合而成章。浑浑沌沌，离则复合，合则复离，是谓天常。天地车轮，终则复始，极则复反，莫不咸当……万物所出，造以于太一，化于阴阳。（《吕氏春秋·大乐》）

在道家观念中，泰一与道有着极高的关联度，有时是与道完全同义的概念。以上两段文字中提到的太一，都可以理解为宇宙生成的本源。《吕氏春秋·大乐》云："道也者，视之不见，听之不闻，不可为状。有知不见之不见、不闻之不闻、无状之状者，则几于知之矣。道也者，至精也，不可为形，不可为名，强为之，谓之太一。"则直接将太一和道等同。王博谈到《太一生水》时说："从篇中来看，太一和道是一个东西……我觉得太一概念的提出，一方面是道家关于道的思想演变的结果，譬如之前已把道称为一、大等，另一方面也许与神话和宗教有关。"[1]

《鹖冠子》中的泰一虽然以天神的形象出现，但也具有道的性质。《泰鸿》篇以泰皇与泰一问答的形式阐述天、地、人事之道，泰一俨然是有血有肉的个体存在，但是《泰鸿》开篇即云：

泰一者，执大同之制，调泰鸿之气，正神明之位者也。故九皇受傅，以索其然之所生，傅谓之得天之解，傅谓之得天地之所始，傅谓之道，得道之常，傅谓之圣人，圣人之道与神明相得，故曰道德，郗始穷初，得齐之所出，九皇殊制，而政莫不效焉，故曰泰一。

这里所描绘的泰一，得天地之所始，执大同之制，调泰鸿之气，分明是宇宙万物的创生者，正如《庄子·天下》成玄英疏："太者广大之名，一以不二为称。言大道旷荡，无不制围，括囊万有，通而为一，谓之太一。"[2]《泰鸿》篇中泰一的双重性印证了王博的说法："太一概念的提出，一方面是道家关于道的思想演变的结果，另一方面与神话和

---

[1] 王博：《美国达慕思大学郭店〈老子〉国际学术讨论会纪要》，见《道家文化研究》第十七辑，北京：生活·读书·新知三联书店，1999年版，第9页。

[2] 郭庆藩：《庄子集释》，北京：中华书局，1982年版，第1094页。

宗教有关。"①

　　黄怀信认为"九皇"是人皇兄弟九人，分长九州。②九皇治理天下，效法的是泰一，而泰一的作用之一是"正神明之位"，这里和《天则》篇强调的重点是一样的，都是根据名位治理国家。对于"正神明之位"，我国台湾地区张金城曰："《庄子·天道》云：'夫尊卑先后，天地之行也，故圣人取象焉。天尊地卑，神明之位也。'又《周易·系辞上》：'天尊地卑，乾坤定矣，卑高以陈，贵贱位矣。'是正神明之位者，定天地、序贵贱之位也。"③可见名位的实质是确定尊卑贵贱，制定秩序。"名"思想的重要内容之一是区分尊卑贵贱，黄老道家推崇的以名治国，正是靠分别尊卑，限定位置，人们依照名的规定性有序从事各项活动，各安其位，从而实现天下大治的。秩序已定，每个人谨守名位，自然就可以无为而治了。

　　受道的实用性影响，《鹖冠子》谈到"名"，往往都是着眼于治理国家的实用角度。《天则》篇说："九皇之制，主不虚王，臣不虚贵阶级。尊卑名号，自君吏民，次者无国，历宠历录，副所以付授，与天人参相结连，钩考之具不备故也。下之所逃，上之可蔽，斯其离人情而失天节者也。"认为治理国家要尊卑名号，即尊卑名号都与"实"相合，否则便会与人情、天节相违背。《泰录》篇说："夫错行合意，扶义本仁，积顺之所成，先圣之所生也，行其道者有其名，为其事者有其功。"陆佃注曰："此言仁义之治，故行其道者有其名，为其事者有其功。若夫圣人无名，神人无功，乘于道德而游乎万物之上，则岂局于仁义之域

①王博：《美国达慕思大学郭店〈老子〉国际学术讨论会纪要》，见《道家文化研究》第十七辑，北京：生活·读书·新知三联书店，1999年版，第9页。

②黄怀信：《鹖冠子汇校集注》，北京：中华书局，2004年版，第224页。

③张金城：《鹖冠子笺疏》，载《台湾省立师范大学国文研究所集刊》，1975年，第十九号。

哉？"以庄子为代表的道家确实表现了对"名"与事功强烈的质疑，但是以《鹖冠子》为代表的黄老之学与庄子则不同，它肯定儒家学者推崇的事功，强调"名"与事功的正当性与必要性。这种背离庄子思想，汲取儒家思想资源的例子在《鹖冠子》中多处可见。《道瑞》篇曰："富者观其所予，足以知仁，贵者观其所举，足以知忠，观其大祥，长不让少，贵不让贱，足以知礼达，观其所不行，足以知义，受官任治，观其去就，足以知智，迫之不惧，足以知勇，口利辞巧，足以知辩，使之不隐，足以知信，贫者观其所不取，足以知廉，贱者观其所不为，足以知贤，测深观天，足以知圣。"这段文字强调的仁、忠、礼、义、智、勇、辩、信、廉、贤、圣，是地地道道的儒家思想。《道瑞》篇还说："是以先王置士也，举贤用能，无阿于世。仁人居左，忠臣居前，义臣居右，圣人居后。左法仁，则春生殖，前法忠，则夏功立，右法义，则秋成熟，后法圣，则冬闭藏。"举贤用能，强调忠义仁圣，所言不离仁人、圣人，这也完全是儒家的思想。折中儒道，多方汲取儒家思想，这也是由《鹖冠子》的实践取向所决定的。

《鹖冠子》中，"名"是道通向实践的重要节点。《鹖冠子》有一个道下降而至实践的系统，这个系统一般是一→气→意→图→名→形→事→约。《环流》具体言曰："有一而有气，有气而有意，有意而有图，有图而有名，有名而有形，有形而有事，有事而有约。"可以看出，这是一个由无名而至有名再到具体实践的过程，换言之，就是道形而下的具体过程。所谓"一"，指的是道，《吕氏春秋·大乐》云："道也者，视之不见，听之不闻，不可为状。有知不见之不见、不闻之不闻、无状之状者，则几于知之矣。道也者，至精也，不可为形，不可为名，强为之，谓之太一。"可以为佐证。道是一个完全抽象的概念，在《老子》那里，它既是宇宙万物的本源，也是事物运行的规律；在《鹖冠子》这里，用

"一"代替道，强调的则是其作为宇宙万物的本源的功能。"一"在创生宇宙万物的过程中，先产生气，由气产生意。所谓气，张金城注曰："谓阴阳二气。"所谓意，张金城注曰："意谓意象也。"① 那么这个过程实际上是融汇改进了《周易·系辞上》的说法："是故易有太极，是生两仪，两仪生四象，四象生八卦，八卦定吉凶，吉凶生大业。"但是没有沿着太极八卦的路线走下去，而是提出了更加具体的形名理论。由一到气的过程，是一个由无到有的过程。黄怀信说："一，万物之所生也……'空谓之一。'是'一'即《老子》之'无'。气，下文曰：'立之谓气。'立，生也、有也。是'气'即始有，在人即为元气。无生有，故曰有一而有气。"②

气和意虽然由无变成了有，但仍然是无形的；图离有形更为接近，黄怀信注曰："图，象，未成形之图象"③，也不是有形；"名"既可以是有形，也可以是无形；有形、有事到有约，这三者才完全属于有形的范畴。由此可见，一→气→意→图→名→形→事→约这一过程，实际是从无形到有形的过程，是道具体化的过程，而这一过程转变的关键节点是"名"，"名"是无形到有形转化过程中发生本质变化的一环。在《老子》中，我们能看到道由无形向有形转化的趋势，但是却没有这么详细的转化过程。

无形生成为有形的万物之后，具体实践的过程则需要依靠"时""名""法"三个范畴。三者之中，"时"只是界定一个时间的维度，"名"是过渡范畴，"法"才是最重要的一环。《环流》曰："约决而时生，时立而物生。故气相加而为时，约相加而为期，期相加而为

---

① 张金城：《鹖冠子笺疏》，载《台湾省立师范大学国文研究所集刊》，1975年，第十九号。

② 黄怀信：《鹖冠子汇校集注》，北京：中华书局，2004年版，第71页。

③ 黄怀信：《鹖冠子汇校集注》，北京：中华书局，2004年版，第72页。

功，功相加而为得失，得失相加而为吉凶，万物相加而为胜败。莫不发于气，通于道，约于事，正于时，离于名，成于法者也。"这一段文字清晰地表明了"名""法"的关系，在背后主宰它们的是道，二者最终的指向是事，而具体的手段主要落实到"法"上，所以说"成于法"。

值得注意的是，《鹖冠子》中"法"具有多重含义，有时指法则，有时指法令，有时指法制，法则、法令、法制、法度之间有着密切关系，反映了"法"由抽象到具体的过程。

《环流》曰：

法之在此者谓之近，其出化彼谓之远。近而至故谓之神，远而反故谓之明。明者在此，其光照彼，其事形此，其功成彼。从此化彼者法也，生法者我也，成法者彼也。生法者，日在而不厌者也。生成在己，谓之圣人。惟圣人究道之情，唯道之法，公政以明。斗柄东指，天下皆春，斗柄南指，天下皆夏，斗柄西指，天下皆秋，斗柄北指，天下皆冬。斗柄运于上，事立于下，斗柄指一方，四塞俱成。此道之用法也。

这里的"法"在很大程度上指的是法则，所谓"近而至故谓之神，远而反故谓之明"，明显是由道派生出来的，陆佃注曰："《老子》所谓'逝曰远，远曰反'。"看到了这里的"法"和道的密切关系。但是下文紧接着说"从此化彼者法也，生法者我也，成法者彼也。生法者，日在而不厌者也。生成在己，谓之圣人。惟圣人究道之情，唯道之法，公政以明"明显是转到了"法"的运用上，"法"运用到实践上，必然由法则转变到法令。王晓波先生分析这一段话，认为：

"此"指人君，"彼"指人民。这是说，有法后就有"神""明"。

"神"是指"近而至"——由"此"至"彼"而化之，"明"指"远而返"——由远"彼"而返回"此"。"法"是能"从此化彼者"，就如同"明者在此，其光照彼"。此就是"生法者，我也"，即人君，即"圣人"；成就"法"所规定者，"彼"也，即人民。成法是成"生法者，我也"的"法"，所以是"生成在己"。并且，只有圣人能"究道之情"，也只有"道之法"是"公政以明"的。[①]

从另一个角度指出了"法"由抽象转为具体的趋势。

但是这里只是表现了"法"由抽象转为具体的趋势，"法"在这里的含义仍然是抽象的法则，是道体现出来的万物运行的规律。《环流》曰："故日月不足以言明，四时不足以言功。一为之法，以成其业，故莫不道。一之法立，而万物皆来属。法贵如言，言者万物之宗也。是者，法之所与亲也，非者，法之所与离也。是与法亲故强，非与法离故亡，法不如言故乱其宗。故生法者命也，生于法者亦命也。""日月不足以言明，四时不足以言功"，日月之明、四时之功都是"法"在起作用，是道控制万物，所以说"故莫不道"。虽然道是万物生成的总法则，但很明显《环流》更重视道在形而下过程中体现的"法"。所以下面强调说"是者，法之所与亲也，非者，法之所与离也。是与法亲故强，非与法离故亡，法不如言故乱其宗。"

《泰鸿》曰："法者，天地之正器也，用法不正，元德不成，上圣者，与天地接，结六连而不解者也。是故有道南面执政以卫神明，左右前后静侍中央，开原流洋，精微往来，倾倾绳绳，内持以维，外纽以纲，行以理执，纪以终始，同一殊职，立为明官，五范四时，各以类相从，昧

[①] 王晓波：《道与法：法家思想和黄老哲学解析》，台北：台湾大学出版中心，2009年版，第424—425页。

元生色，音声相衡。"这里的"法"完成了法则向法制转变的过程。"与天地接，结六连而不解"还可以解释为法则，"行以理执，纪以终始，同一殊职，立为明官"则完全落到了治理国家过程中具体的法制之上。下文说："以天子为正，调其气，和其味，听其声，正其形，迭往观今，故业可循也"，可见此篇的着眼点完全转向了具体的法制。"调味章色，正声以定，天地人事三者毕此矣"讲的便是以"法"治国的理想状态。

《鹖冠子》还有多处涉及法制、法度的内容：

法令者四时之正也。（《度万》）

散无方化万物者令也，守一道制万物者法也。法也者，守内者也，令也者，出制者也。夫法不败是，令不伤理，故君子得而尊，小人得而谨，胥靡得以全。神备于心，道备于形，人以成则，士以为绳，列时第气，以授当名，故法错而阴阳调。（《度万》）

事治者，招仁圣而道知焉，苟精牧神，分官成章，教苦利远，法制生焉，法者使去私就公，同知壹有同由者也，非行私而使人合同者也。（《度万》）

法度无以噫意为摸，圣人按数循法尚有不全，是故人不百其法者，不能为天下主。今无数而自因，无法而自备，循无上圣之检而断于己明，人事虽备，将尚何以复百己之身乎。主知不明，以贵为道，以意为法，牵时诳世，遝下蔽上，使事两乖，养非长失，以静为扰，以安为危，百姓家困，人怨祸孰大焉。若此者，北走之日，后知命亡。（《近迭》）

由以上例子可以看出，法制、法度已经由抽象性法发展成为具体的规则。"分官成章，教苦利远，法制生焉"，法制是与分官、教苦这些有形的措施联系在一起的；法度则是圣人治理国家成败的关键因素，是详细的人事规定。《学问》篇谈到圣人学问服师，始终要遵守九道，其中之一便是法令，认为"法令者主道治乱国之命也"。可见法令也关涉到人的学问修养。法则、法令、法制、法度经常混杂在一起，表明这是道生"法"的初级阶段，到了战国末期的法家，抽象的法则完全变为具体的法令。

第二节　　天人感应与"名""分"的思想

道下降而至实践的过程，《泰鸿》篇有详细的描述：

夫物之始也倾倾，至其有也录录，至其成形端端王王，勿损勿益，幼少随足，以从师俗，毋易天生，毋散天朴，自若则清，动之则浊。神圣践承翼之位，以与神皇合德，按图正端，以至无极，两治四致，闲以止息，归时离气，以成万业，一来一往，视衡低仰，五官六府，分之有道，无钩无绳，浑沌不分，大象不成，事无经法，精神相薄，乃伤百族，偷气相时，后功可立，先定其利，待物自至，素次以法，物至辄合。法者，天地之正器也。

这是一个道→气→名→法的过程。陆佃注曰："倾倾"，或作"鸿鸿"。黄怀信曰："'倾'当是'溟'字之误。""溟溟，混沌无形之貌。"[1]张金城曰："'鸿濛'，即《庄子·在宥篇》之'鸿蒙'。疏曰：

---

[1] 黄怀信：《鹖冠子汇校集注》，北京：中华书局，2004年版，第231页。

'元气也'是也。《老子》：'无名，天地之始。'王弼注云：'凡有，皆始于无。故未形无名之时，则为万物之始'即此义。"①黄怀信曰："录录，即'逯然'，有轮廓之貌。"②"端端王王"，张金城曰："'王王'，于义未协，当作'正正'。"③黄怀信曰："端端正正，定形之貌。"④"夫物之始也倾倾，至其有也录录，至其成形端端王王"，说的是物形成的完整过程，从万物之始的无名无形，到渐渐有轮廓，再到端端正正显现成形，这个过程与一→气→意→图→名→形大致相当。虽然中间环节有所省略，但过程更加详细。"五官六府，分之有道"，则相当于一→气→意→图→名→形→事→约系统中的"名"。"分"是"名"思想中重要的一部分，也是以"名"治国的指导精神。《礼记•曲礼下》曰："天子之五官：曰司徒、司马、司空、司士、司寇，典司五众。天子之六府：曰司土、司木、司水、司草、司器、司货，典司六职。"对于"五官"，郑玄注："此亦殷时制也。"可见这种治理国家的分工古已有之，先秦典籍中多有这方面的记载。

《国语•楚语下》："于是乎有天、地、神、民、类物之官，是谓五官，各司其序，不相乱也。"韦昭注："类物，谓别善恶、利器用之官。"这里的"五官"与《礼记》中的不同，天、地、神、民、类物之官，被称为五官，反映了远古时代天地初分，人类刚刚有自我意识时期的分类。五官名称虽然不同，但作用是相同的，即"各司其序，不相乱也"。

《商君书•君臣》讲得更明白："圣人列贵贱，制爵位，立名号，以别君臣上下之义。地广，民众，万物多，故分五官而守之。"五官的

---

① 张金城：《鹖冠子笺疏》，载《台湾省立师范大学国文研究所集刊》，1975年，第十九号。

② 黄怀信：《鹖冠子汇校集注》，北京：中华书局，2004年版，第231页。

③ 张金城：《鹖冠子笺疏》，载《台湾省立师范大学国文研究所集刊》，1975年，第十九号。

④ 黄怀信：《鹖冠子汇校集注》，北京：中华书局，2004年版，第231页。

作用是确立名号，区分贵贱，便于治理民众。

《淮南子·天文训》："何谓五官？东方为田，南方为司马，西方为理，北方为司空，中央为都。何谓六府？子午、丑未、寅申、卯酉、辰戌、己亥是也。"

《鹖冠子》中所谓的"六府"，与此不同，当指司土、司木、司水、司草、司器、司货，典司六职，"六府"与"五官"共同起着"钩"和"绳"的作用，规范着人们的行为，否则便会陷入"浑沌不分，大象不成"的境地。这个道→气→名的过程最终还是落脚于法，"法"成为"名"的逻辑归宿。"法"是比"名"更具体的规则和规范，如果没有"法"，会"精神相薄，乃伤百族"，所以《泰鸿》篇强调："法者，天地之正器也。"

《鹖冠子》中的"名"，既可下降到人事成为"法"，也可以上升到宇宙生成，成为天地日月运行的法则，如此则"名"成为天人感应的一个连接点。《天则》篇曰：

彼天地之以无极者，以守度量，而不可滥，日不逾辰，月宿其列，当名服事，星守弗去，弦望晦朔，终始相巡，逾年累岁，用不缦缦，此天之所柄以临斗者也。

天地之所以无穷无尽，是因为宇宙万物都能遵守法度，这种法度由"名"赋予不同的内容，不同的"名"代表不同的位置、不同的行为，日月星辰之所以运转有序，是因为它们"当名服事"。

和宇宙的运行相似，"名"下降到人事，是治理国家成败的关键。

中参成位，四气为政，前张后极，左角右钺，九文循理，以省官众，

小大毕举。先无怨雠之患，后无毁名败行之咎。故其威上际下交，其泽四被而不鬲。（《天则》）

"九"，张金城认为是"究""官众"，是"谓三辅藩臣诸官之所象者也"[1]。治理三辅藩臣诸官要究文循理，所谓文理，很重要的一点便是"名"的规定性。《天则》篇下文对此有详细的说明。

九皇之制，主不虚王，臣不虚贵阶级。尊卑名号，自君吏民，次者无国，历宠历录，副所以付授，与天人参相结连，钩考之具不备故也。下之所遻，上之可蔽，斯其离人情而失天节者也。

在具体政治实践中，尊卑名号被放在了中心位置，"尊卑名号，自君吏民，次者无国，历宠历录，副所以付授"，实际上讲的是名副其实，否则主上受到臣下蒙蔽，将会背离人情和上天的法则。

这一段将人情与天节相提并论，提出应"与天人参相结连"，反映了《鹖冠子》天人感应的思想。《鹖冠子》全书虽未明确提出天人感应，但多处将天地人并列演绎，表现了明显的天人感应思想。天人感应思想与"名"思想相辅相成，上天讲"当名服事""天之所柄以临斗者也"，人间自然也应如此。

孙福喜认为："《鹖冠子》既有较完善的宇宙生成观、构成观及运动观，又能将它的宇宙观通过'循天理推人事'的思维方式，与人世间的社会政治变化联系起来，借此表达自己治国、平天下的理想。在思想特色上，这既是对《老子》、《国语》、帛书《黄帝四经》的天学思想

---

① 张金城：《鹖冠子笺疏》，载《台湾省立师范大学国文研究所集刊》，1975 年，第十九号。

与宇宙观的继承和发扬，又是《淮南子》《春秋繁露》等汉代宣扬'天人合一''天人感应'思想理论的基础。"①

在天人感应的思想影响下，《鹖冠子》论述的天的运行规则总是不可避免地推演到人间社会。"天地阴阳，取稽于身，故布五正以司五明，十变九道，稽从身始。"（《度万》）可以说是这种思想的理论总结。天地阴阳，都取法于身，这是天人相应最好的注解。所以鹖冠子讲神化，"神化者，定天地，豫四时，拔阴阳，移寒暑，正流并生，万物无害，万类成全，名尸气皇。"（《度万》）讲官治："官治者，师阴阳，应将然，地宁天澄，众美归焉，名尸神明。"神化、官治明显对应天地；神化、官治之后，必然推演到人。"因治者，招贤圣而道心术，敬事生和，名尸后王。事治者，招仁圣而道知焉，苟精牧神，分官成章，教苦利远，法制生焉。"（《度万》）

《王鈇》篇论述天，完全是当名服事的情形。

天者明星其稽也，列星不乱，各以序行，故小大莫弗以章。天者因时其则也，四时当名代而不干，故莫弗以为必然。天者一法其同也，前后左右，古今自如，故莫弗以为常。天诚信明因一，不为众父。易一故莫能与争先，易一非一故不可尊增，成鸠得一，故莫不仰制焉。

"名"在其中起着命名与规范的作用，在"名"的作用下，天上的列星井然有序，春夏秋冬各值其名，互不干扰。

与天相比，"名"在人间社会起着同样的作用。从《王鈇》篇看，在鹖冠子的心目中，人间社会比上天更重要，上天往往是虚悬一格，社

---

① 孙福喜：《〈鹖冠子〉研究》，西安：陕西人民出版社，2002年版，第332页。

会的管理才是论述的重点。所以鹖冠子从天推演到人之后，对因治、事治的讲述格外详细：

　　其制邑理都使瞳习者，五家为伍，伍为之长，十伍为里，里置有司，四里为扁，扁为之长，十扁为乡，乡置师，五乡为县，县有啬夫治焉，十县为郡，有大夫守焉，命曰官属。郡大夫退修其属县，啬夫退修其乡，乡师退修其扁，扁长退修其里，里有司退修其伍，伍长退修其家。事相斥正，居处相察，出入相司。父与父言义，子与子言孝。长者言善，少者言敬，旦夕相薰芗，以此慈孝之务。①

　　这是典型的依靠"名"治理国家。"五家为伍"，从最小的行政单位"伍"开始，向上依次是里、扁、乡、县、郡，各自的治理者分别是伍长、里有司、扁长、乡师、啬夫、郡大夫。里、扁、乡、县、郡作为行政单位，不同的"名"之下有不同的内涵、有不同的权限和职责。只有各自当名服事，整个国家才会井然有序、正常运转，才会"父与父言义，子与子言孝。长者言善，少者言敬"。父言义、子言孝、长言善、少言敬，各自遵守自己的名号，保持正确的尊卑关系。《论语·颜渊》："齐景公问政於孔子。孔子对曰：'君，君；臣，臣；父，父；子，子。'公曰：'善哉！信如君不君，臣不臣，父不父，子不子，虽有粟，吾得而食诸？'"《鹖冠子》的以"名"治国理念与孔子如出一辙。齐景公认为，如果"君不君，臣不臣，父不父，子不子"，虽有粟，而不得食，是看到了名实混乱之后天下大乱的情形，《鹖冠子·王鈇》论述得更为详细。

①《鹖冠子·王鈇》。

伍人有勿故不奉上令有余不足居处之状，而不辄以告里有司，谓之乱家，其罪伍长以同。里中有不敬长慈少，出等异众，不听父兄之教，有所受闻，不悉以告扁长，谓之乱里，其罪有司而贰其家。扁不以时循行教诲，受闻不悉以告乡师，谓之乱扁，其罪扁长而贰其家。乡不以时循行教诲，受闻不悉以告县啬夫，谓之乱乡，其罪乡师而贰其家。县啬夫不以时循行教诲，受闻不悉以告郡，善者不显，命曰蔽明，见恶而隐，命曰下比，谓之乱县，其诛啬夫无赦。郡大夫不以循行教诲，受闻虽实，有所遗脱，不悉以教柱国，谓之乱郡，其诛郡大夫无赦。柱国不政，使下情不上闻，上情不下究，谓之綷政，其诛柱国灭门残疾。令尹不宜时合地害百姓者，谓之乱天下。

林翠芬在《先秦儒家名实思想之研究》中说：

孔子的正名观念虽然是针对政治与社会秩序的需要，而提出"名不正，则言不顺"以"正定名分""划定权责"的方式来建立政治秩序，以使每一分子各自完成其责任，并以"君君，臣臣，父父，子子"的相互对待关系，为人伦立下初步的规范，其实亦莫不是环绕着"道德伦理"的主题而立论者，因为道德伦理终究是人生的标杆，凭借的则是"仁"的真诚感，是人的"仁义之心"，因而，孔子的正名思想终究是由"仁"的核心观念发展出来的。

孟子将孔子的正名观念扩充为"父子有亲，君臣有义，夫妇有别，长幼有序，朋友有信"（《滕文公上》）的五伦观念，"五伦"对人的地位界定、角色扮演、规范遵循等主张都有严格的规定，其所探讨的是人际关系，所揭示的是共同遵循的规范，既曰共同规范，便意味着不容任何人例外，故"五伦"是对各种角色的行为示范，示范的标准是不允许偏离的，一个人的出处动静若与标准密切吻合，丝毫不差，自然称得上"名正言顺""名实相符"矣。[①]

孔子为人伦立下初步的规范，孟子界定的是人与人的行为规范，《鹖冠子》则是将正名由五伦继续扩充，为全社会人与人之间、行政单位与行政单位之间，都规定了行为规范。社会之中，所有人、任何事，都必须遵守"名"的规定性，名实相副与否直接决定了天下的治乱。

前文注意到《鹖冠子》提到上天往往是虚悬一格，社会的管理才是论述的重点。这种倾向使得《鹖冠子》格外重视建立人间法则的君主和圣人。从天人感应的理论来看，君主和圣人建立人间法则的权力理论来自上天，但在实际操作中，君主和圣人的权力范围常常可以超越人间，直达上天。《泰鸿》篇讲到"有道南面执政以卫神明，左右前后静侍中央""所始为东方，万物唯隆，以木华物，天下尽木也，使居东方主春，以火照物，天下尽火也，使居南方主夏，以金割物天下尽金也，使居西方主秋，以水沉物，天下尽水也，使居北方主冬，上为大都，天下尽土也，使居中央守地，天下尽人也，以天子为正。"（《泰鸿》）天下是君主的势力范围；"圣人立天为父，建地为母，范者非务使云必同知一期以使一人也"（《泰鸿》），则可以看到，圣人已经可以反过来决定天地的尊卑和地位，这与后期法家高度的君主集权关系很大，可以看出黄老思想与法家思想的联系。治理天下要执一、执名，"一"与"名"确定则可以无为而治，但是"一"与"名"的威力与其说来自上天，不如说取决于君主和圣人。正如《世兵》篇所言："道无不可，受数于天，

---

① 林翠芬：《先秦儒家名实思想之研究》，台北：花木兰文化出版社，2011年版，第214页。

定位于地，成名于人。"道最终要落实于人，人的地位和作用无疑更为重要。《兵政》篇言："贤生圣，圣生道，道生法，法生神，神生明。神明者正之末也。"在这个贤→圣→道→法→神→明的体系中，道生法，法生神，神生明，但是道本身却在贤、圣之下，贤、圣高居生成系统之首，在此可以看出《鹖冠子》对君主地位的尊崇。

戴卡琳注意到《鹖冠子》中君主地位的超越性，认为《鹖冠子》的文本自相矛盾，难以自圆其说。

《鹖冠子》一书总是强调把天当作非人格化的模式看待，就此而论，作者似乎提出了一种抽象的自然秩序，把它作为人类行为的无可争辩的标准，根本不依赖于人。这样的一种解读，必然会对《鹖冠子》的语言观做实在论的理解。因为在这种语言观中，言辞应该是去反映理念或者意象。但是，随着唯名论和实在论之间的讨论，追寻名称之源一直上溯到君主或者某种自然的本体，由于《鹖冠子》中人为领域和自然领域二者奇怪的重叠，这种解释就又难以自圆其说了。[①]

《鹖冠子》中，君主掌控法则横贯自然界和人类社会，确实是一个比较突出的特点，这是先秦其他学者未曾提出的。但如果从战国末期君主集权的角度分析，这种说法就可以理解了。这并非难以自圆其说，只是君主集权高度膨胀的一种反映而已。

---

① 戴卡琳：《解读〈鹖冠子〉——从论辩学的角度》，沈阳：辽宁教育出版社，2000年版，第205—206页。

第三节 "分"与"正"

"分"在先秦思想中主要包括两层含义：一是名分，二是分工。最能体现这两重含义的是《荀子·王霸》中的一段话。

君臣上下，贵贱长幼，至于庶人，莫不以是为隆正。然后皆内自省以谨于分，是百王之所以同也，而礼法之枢要也。然后农分川而耕，贾分货而贩，百工分事而劝，士大夫分职而听，建国诸侯之君分土而守，三公总方而议，则天子共己而止矣。

陈继红认为：这段话中的"分"有两种不同的含义，所谓"内自省以谨于分"之"分"，即读作去声之"分"，以熊公哲的解释即"义分"，即伦理义务。而所谓"分田""分货""分事""分职""分土"之"分"，则为读作平声之"分"，内蕴分工、分配之义。这两种"分"之间的内在关联是：前者以后者为依据，而"名"则是联系两者的中介。①

"内自省以谨于分"之"分"，释为"义分"，与此相近的还有"名分""职分"等，其核心是"名"所规定的责任和义务以及与此相关的一系列行为规范。"名分"的思想应当源于孔子的"正名"，但却不是

---

① 陈继红：《名分·秩序·和谐——先秦儒家名分思想的一种解读方式》，载《南京大学学报》（哲学·人文科学·社会科学版）2010 年第 5 期。

儒家特有的思想，先秦诸子对"名分"多有论述。[①]

一兔走，百人逐之，非以兔也。夫卖者满市，而盗不敢取。由名分已定也。故名分未定，尧舜禹汤且皆如鹜焉而逐之；名分已定、贫盗不取。今法令不明，其名不定，天下之人得议之。其议，人异而无定。人主为法于上，下民议之于下，是法令不定，以下为上也。此所谓名分之不定也。夫名分不定，尧、舜犹将皆折而奸之，而况众人乎？……故圣人必为法令置官也，置吏也，为天下师，所以定名分也。名分定，则大诈贞信，民皆愿悫，而各自治也。故夫名分定，势治之道也；名分不定，势乱之道也。（《商君书·定分》）

若夫名分，圣之所审也。造父之所以与交者少，操辔，马之百节皆与。明王之所以与臣下交者少，审名分，群臣莫敢不尽力竭智矣。天下之可治，分成也。是非之可辨，名定也。（《尸子·发蒙》）

名定，则物不竞；分明，则私不行。物不竞，非无心，由名定，故无所措其心；私不行，非无欲，由分明，故无所措其欲。（《尹文子·大道上》）

审名以定位，明分以辨类。（《韩非子·扬权》）

王良之所以使马者，约审之以控其辔，而四马莫敢不尽力。有道之主，其所以使群臣者亦有辔。其辔何如？正名审分，是治之辔已。故按其实而审其名，以求其情；听其言而察其类，无使放悖。夫名多不当其实、而事多不当其用者，故人主不可以不审名分也。不审名分，是恶壅而愈塞也。（《吕氏春秋·审分》）

---

① 曹峰对这些材料搜集最全，参见：《〈吕氏春秋〉所见"名"的政治思想研究——以〈正名〉、〈审分〉篇为主》，载《诸子学刊》第4辑，华东师范大学出版社，2010年12月。

以上所引"名分"的例子，分别来自法家、名家、杂家，可见"名分"思想是当时各学派共同的思想资源，为当时大多数学派所接受。但是仔细体会，孔子的"名分"论与以上各例所言"名分"还是有细微区别的。孔子"名分"论典型的例子是"君君、臣臣、父父、子子"，在这里，国君并没有被特殊对待，同样要谨守"名分"，君与臣虽然有上下之分，但在谨守"名分"的原则面前是平等的。孔子并没有说"名分"是由谁规定的，但是很明显，国君并非"名分"的制定者。而到了《商君书》，则明确指出"故圣人必为法令置官也，置吏也，为天下师，所以定名分也"，圣人是"名分"的制定者。《吕氏春秋》也明确说明"故人主不可以不审名分也"。这个过程是君主权力逐渐上升的过程。战国后期的"名分"论中，君主已经被独立出来，成为"名分"的制定者而不是遵守者。

《鹖冠子》中的"名分"，与《吕氏春秋》中的"名分"含义相似，君主掌控着制定"名分"的权力。《王鈇》篇曰："天子执一以居中央，调以五音，正以六律，纪以度数，宰以刑德。从本至末，第以甲乙。"这是对天子制定"名分"的详细描述，"调以五音，正以六律，纪以度数，宰以刑德"，背后所依据的便是"名分"。《泰鸿》篇也说："圣人立天为父，建地为母，范者非务使云必同知一期以使一人也。"孔子没有谈"名分"的合法性源自何处，而《鹖冠子》明确提出，君主制定"名分"的合法性来自于道，为君主的权力提供了理论依据。《泰鸿》篇曰："泰一者，执大同之制，调泰鸿之气，正神明之位者也。故九皇受傅，以索其然之所生，傅谓之得天之解，傅谓之得天地之所始，傅谓之道，得道之常，傅谓之圣人，圣人之道与神明相得，故曰道德。"圣人得到了"道之常"，道是宇宙万物运行的规律和法则，那么，圣人的权力便有了理论依据。《道瑞》篇将君主的权力归于天："君者，天也……

本出一人，故谓之天，莫不受命，不可为名，故谓之神。至神之极，见之不忒，匈乖不惑，务正一国。"无论来自于天还是来自于道，君主的权力都是毋庸置疑的。而"名分"，是君主治理国家的手段之一，君主则是超然于"名分"规定性之上的。

《鹖冠子》为"名分"注入了新的内涵，但《鹖冠子》中的"分"，重点却不是"名分"的"分"，而是"分工"的"分"，"分离"的"分"。"分"在人类发展过程中起着重要作用，人类之所以成为人类，首先是将自身与自然界区分开来，所以，"分"是一个生成的过程，是一个呈现的过程。在道家思想里，道生成万物就是一个"分"的过程。《老子》第四十二章："道生一，一生二，二生三，三生万物。"《易·系辞上》："易有太极，是生两仪，两仪生四象，四象生八卦。"讲的都是这个由"分"而成的具体过程。《庄子·齐物论》也说："其分也，成也。"当然，《庄子·齐物论》同时认为："其成也，毁也。"《鹖冠子》没有全盘接受庄子的看法，只是选取了其对前半部分的认识。《泰鸿》篇强调了"分"的作用："五官六府，分之有道，无钩无绳，浑沌不分，大象不成，事无经法，精神相薄，乃伤百族。"没有"分"，则"大象不成，事无经法"。这里还为"分"提供了方法和依据，即"分之有道"，可见"分"的总依据是"道"，"分"是"道"规律性的具体呈现。"道"通过"分"，与人联系在了一起。《鹖冠子》中，有一个由"道"通过"分"达到人的系统。《天则》篇曰："人有分于处，处有分于地，地有分于天，天有分于时，时有分于数，数有分于度，度有分于一。"可见，由道到人，整个"分"的系统为：道→度→数→时→天→地→处→人，在这个系统中，"道"高居于顶端，人是最终的落脚点，度、数、时、天、地、处、人都通过"分"显现出来。

既然人是最终的落脚点，那么，在治理国家时，"分"是非常重要的手段和方法。《天则》篇曰:"循度以断,天之节也。列地而守之,分民而部之。寒者得衣,饥者得食,冤者得理,劳者得息,圣人之所期也。"圣人治理国家,希望达到的目标是"寒者得衣,饥者得食,冤者得理,劳者得息",通过什么方式可以达到这一目标呢?通过"列地而守之,分民而部之",可见"分"作为治理国家的方法有多么重要。《王鈇》篇所谓的"天曲日术",《鹖冠子》将其作为治国宝典,认为简明易行,其核心精神仍然是"分"。

其制邑理都使曈习者,五家为伍,伍为之长,十伍为里,里置有司,四里为扁,扁为之长,十扁为乡,乡置师,五乡为县,县有啬夫治焉,十县为郡,有大夫守焉,命曰官属。郡大夫退脩其属县,啬夫退脩其乡,乡师退脩其扁,扁长退脩其里,里有司退脩其伍,伍长退脩其家。(《王鈇》)

从郡大夫、啬夫、乡师、扁长、里有司到伍长,其实就是一个不断分权的过程,一层层细分下去,每一个层级的人都受到制约和监督,才能够下情上闻、上情下达,达到的效果是各级之间"事相斥正,居处相察,出入相司",人与人之间"家与家相受,人与人相付,亡人奸物,无所穿窬"。这里通过"分",将治理国家细化,以对各种情况明察秋毫。

《鹖冠子》将"分"提高到神圣的地步。《泰录》篇曰:"分物纪名,文圣明别,神圣之齐也,法天居地,去方错圆,神圣之鉴也,象说名物,成功遂事,隐彰不相离,神圣之教也。""分物纪名",不管是"分物"还是"纪名",都是通过"分"而呈现事物的,《鹖冠子》认为和"法天居地"一样神圣。《泰录》篇又曰:"故文者所以分物也,理者所以纪名也,天地者同事而异域者也。无规圆者天之文也,无矩方者地之理也,天循文以动,地循理以作者也。二端者神之法也。""天循文以动,地循理以作"，那么文、理实质上是道呈现的一种方式，是无条件运转的，天圆、地方是文、理在起作用。文通过分物而呈现，理通过纪名而存在，那么"分物" 和"纪名"便具有了几乎与道相同的功能。

《鹖冠子》并没有一概强调"分"，而是把"分"与"合"辩证地结合在一起。"分"形成了万物，"合"则重归于道，"分"要以道作为依据。《环流》篇曰："斗柄东指，天下皆春，斗柄南指，天下皆夏，斗柄西指，天下皆秋，斗柄北指，天下皆冬。"这是在强调四时之分，但明确认为："日月不足以言明，四时不足以言功。一为之法，以成其业，故莫不道。一之法立，而万物皆来属。"四时与万物生成之功都要归本于道。

分工的思想，孟子、荀子都有所论述。孟子在批判许行学说时说：

> 然则治天下独可耕且为与？有大人之事，有小人之事。且一人之身，而百工之所为备。如必自为而后用之，是率天下而路也。故曰：或劳心，或劳力；劳心者治人，劳力者治于人；治于人者食人，治人者食于人：天下之通义也。《孟子·滕文公上》

孟子强调了分工的必要性，认为如果任何东西都要自己制作，只能让全天下的人无谓奔波。孟子的分工侧重的是社会分工，而《鹖冠子》的"分"则复杂得多：有宇宙生成意义上的"分"，万物借此而生成；也有政治意义上的"分"，君主以此治理国家。与孟子所言的社会分工基本上没有联系。

与孟子思想相比，荀子的分工思想有所发展，由社会分工发展到了治理国家。《荀子·王霸》曰："然后农分川而耕，贾分货而贩，百工分事而劝，士大夫分职而听，建国诸侯之君分土而守，三公总方而议，则天子共己而止矣。"这段话与《鹖冠子》政治意义上的"分"非常相近。但荀子的"分"完全落到了实践上，基本不具有形而上的含义。《鹖冠子》的"分"，宇宙生成意义与政治意义密切相连，前者为后者的根据。换言之，政治意义上的"分"是从道发展而来，是道在国家治理上的应用。在"分"的内涵上，《鹖冠子》吸取老子的思想较多，与儒家旨趣颇不相同。

道家另一代表人物庄子，在"分"的问题上持否定态度。《庄子·齐物论》说："其分也，成也；其成也，毁也。"庄子看到了"分"的作用，所以说"其分也，成也"，但庄子又进一步认为"其成也，毁也"，在庄子看来，只有浑然一体，未曾分化的道才是完美的。庄子从道的完整性看待"分"，《鹖冠子》则从道的生成性看待"分"，因此，虽然都从道出发，结论却大相径庭。

《鹖冠子》的"分"是与"正"联系在一起的。在《鹖冠子》中，道下降至人的过程是一个"分"的过程，但"分"不可以随意为之，必须依据一定的原则，这个原则就是"正"。在《鹖冠子》看来，万物都有自己的位置，这个位置是由"名"规定的，所谓"分"，实际上是将事物放到"名"所规定的特定位置，这个"位"不能出现差错。"名"与"位"相符，才可以称得上"正"。在《论语》中，孔子强调"正名"，《鹖冠子》中，"正"的范围涵盖万物，气、神、德、四时都存在"正"与"不正"的问题，天地、阴阳、圣人、法令则是"正"的典型："阴阳者气之正也，天地者形神之正也，圣人者德之正也，法令者四时之正也。"（《度万》）"不正"的后果是"五气失端，四时不成"。《鹖冠子》对时之正非常看重，除此处提到四时之正外，《环流》篇还强调"时立而物生"，认为"约决而时生，时立而物生。故气相加而为时，约相加而为期，期相加而为功，功相加而为得失，得失相加而为吉凶，万物相

171

加而为胜败。莫不发于气，通于道，约于事，正于时，离于名，成于法者也。"则把"时"与"名""法"一样，看成事物成败的关键因素之一。《鹖冠子》还把"时"和"命"联系在一起："时或后而得之，命也。既有时有命，引其声，合之名，其得时者成，命日调。引其声合之名，其失时者精、神俱亡，命日乖。时命者，唯圣人而后能决之。""时""命"是只有圣人才能定夺的东西。

具体到社会实践领域，"正"的执行者基本上单指天子。《王鈇》篇言："天子执一以居中央，调以五音，正以六律，纪以度数，宰以刑德。从本至末，第以甲乙。""调以五音，正以六律，纪以度数，宰以刑德"实际上都是一个"正"的过程，而这些活动只有一个掌控者，那就是天子。"天子中正，使者敢易言尊益区域，使利谞下蔽上，其刑斩笞无赦，诸吏教苦德薄，侵暴百姓，辄罢，毋使污官乱治，不奉令犯法，其罪加民。"（《鹖冠子·王鈇》）说的是天子如何执"正"而管理百官的，"使者""诸吏""官"含义相同，都指各级官吏。

《王鈇》篇还说："列地分民，亦尚一也耳，百父母子，何能增减，殊君异长，又何出入，若能正一，万国同极，德至四海，又奚足阖也。"[①]这里描述的是通过"正"治理国家的神奇效果，其执行者仍然是国君。"王鈇者，非一世之器也。以死遂生，从中制外之教也。后世成至孙一灵羽理符日循，功弗敢败，奉业究制，执正守内，拙弗敢废，楼割与旱，以新续故，四时执效，应锢不骏，后得入庙，惑爽不嗣谓之焚，祖命冒世，礼嗣弗引，奉常弗内，灵不食祀，家王不举祭，天将降咎，皇神不享，此所以不改更始逾新之道也。"[②]从这一段也可以看出，《鹖冠子》的"正"，都是针对国君、天子的要求，而不是针对百姓、诸吏，"正"

---

① 《鹖冠子·王鈇》。

② 《鹖冠子·王鈇》。

是一种治国方略，其直接关系到宗庙、社稷能否存续。

孔子的"正名"，针对的是包括国君在内的社会全体，《鹖冠子》则把"正"的范围限定在国君身上，将"正名"由一种行为规范转变成治国方略，这是对"正名"思想的细化，也反映了战国后期人们对治理国家的旨趣转向，君主的地位日渐神化。

第四节　余　论

《鹖冠子》的"名"思想，吸收了老子、庄子、孔子、孟子等思想，表现了兼收并蓄的特点。

《鹖冠子》的"名"思想，受孔子"正名"思想影响很大，但在"正名"的对象上，《鹖冠子》将范围缩小，限定在国君一人身上，这是对"正名"思想的发展。在"分"的思想上，孟子的"分工"论无疑对《鹖冠子》是有所启发的。

儒家大力提倡的礼也是《鹖冠子》"名"思想的资源之一。《道瑞》篇曰："富者观其所予，足以知仁，贵者观其所举，足以知忠，观其大祥，长不让少，贵不让贱，足以知礼达，观其所不行，足以知义，受官任治，观其去就，足以知智，迫之不惧，足以知勇，口利辞巧，足以知辩，使之不隐，足以知信，贫者观其所不取，足以知廉，贱者观其所不为，足以知贤，测深观天，足以知圣。"

这里将名位与礼联系在一起。在对待礼的问题上，《鹖冠子》与老子、庄子大有不同，不像老子、庄子那样对礼持批判态度，而是明显倾向于儒家，肯定礼的作用。仁、忠、礼、义、智、勇、辩、信、廉、贤、圣等品质，都是儒家极度推崇的美德。在对人内在品质的评价上，《鹖冠子》表现了与儒家相同的价值取向，礼则是其中的一项。自西周以来，礼在社会生活中起着重要作用，表现为有一定强制意义的外在行为规范，《鹖冠子》虽然认同这种规范，但是认为礼是违反人情的。《著希》曰："礼反情而辩者也。""体虽安之而弗敢处，然后礼生；心虽欲之而弗敢信，然后义生。"身体的本性是求安适，安适而不敢处，这才产生了礼，这表明礼是克制人性而产生的，并且具有某种强制性。陆佃曰："君子克己复礼，盖克此而已。"可见《鹖冠子》对儒家的礼并不是简单接受，而是加入了新的内涵。但另一方面，《鹖冠子》认为礼违反人情，这又是老庄的观点。在对待礼的问题上，《鹖冠子》融合了儒道两家的思想，但又浑然一体。对礼的内涵，《鹖冠子》由外至内进行了转换，把礼由外在的社会规范转化为内在的道德修养，并将其与义联系在一起，成为个体主动的认识和选择，是心克服性之后的升华。

这种转化可以解释《鹖冠子》为何从未有礼、"名"连用，在孔子那里，礼与"名"都是外在行为规范之一，二者在内涵上有相当多的重合，起着相似的作用，而到了《鹖冠子》，礼已经成为人的内在品质之一，而"名"则加入了道的某些特征，涵盖了人类社会与自然等多个领域。对于具体的人来说，礼在体内、"名"在身外，二者难以交集，自然没有礼、"名"连用的情况。

《鹖冠子》中，"名"与礼未曾连用，但"名""位"往往是联系在一起的。《著希》曰："端倚有位，名号弗去。"张之纯曰："倚恃有位，虽不用贤，而爵赏名号仍而未去。"① "名"与"位"相连，规定了"位"的责任与义务，这里批判了不贤者占有其位却不修德，乃

---

① 黄怀信：《鹖冠子汇校集注》，北京：中华书局，2004年版，第17页。

至贤者无处施展才能的现象。在孔子那里，"位"已与治理国家联系在一起："子曰：'为政以德，譬如北辰，居其所而众星共之。'"（《论语·为政》）这里采用比喻的手法，隐含着依靠名位治理国家的意思。《鹖冠子》则明确将名位纳入治理国家的体系中，并与天结合在一起，构建了完整的宇宙系统。

　　彼天地之以无极者，以守度量，而不可滥，日不逾辰，月宿其列，当名服事，星守弗去，弦望晦朔，终始相巡，逾年累岁，用不缦缦，此天之所柄以临斗者也。中参成位，四气为政，前张后极，左角右钺，九文循理，以省官众，小大毕举。①

　　天地日月各有其位，"当名服事"，做与名位相符合的事。陆佃曰："当箕之名，服箕之事；当斗之名，服斗之事。其他放此。"②用天的运行规律指导治理国家，这实际上仍然是天人感应的理论。

　　故文者所以分物也，理者所以纪名也，天地者同事而异域者也。无规圆者天之文也，无矩方者地之理也，天循文以动，地循理以作者也。二端者神之法也。神圣之人后先天地而尊者也。后天地生，然知天地之始，先天地亡，然知天地之终。③

　　《鹖冠子》中的文往往指天，理指地，天地领域不同，但道理是相同的，《鹖冠子》将二者的法则称为"神之法"，洞悉这种法则，可以

---

① 《鹖冠子·王鈇》。

② 黄怀信：《鹖冠子汇校集注》，北京：中华书局，2004 年版，第 33 页。

③ 《鹖冠子·泰录》。

知天地之始终，用于治国，自然是无往而不利了。

《鹖冠子》的"名"思想，吸收老子的思想成分最多。道是《鹖冠子》"名"思想的出发点和总依据。《鹖冠子》的道由老子的道发展而来，但表现出形而上向政治实践的转变，关注的内容在道的应用上。"名"是形而下过程中的重要一环，是道通向"法"的关键节点。

比利时学者戴卡琳说："在公元前3世纪的中国，'名'却受到了人们积极而高度的重视。在诸子著作中，有多处地方讨论了'名'的问题，说明了它的重要性。因为人们用词都与'道'安排个人、家庭、国家这三个主要活动领域的核心问题直接相关，同时，'道'又是哲学的核心，和中国人借助语言来解决社会的不稳定问题，与大量有益于政治的再定义是一致的，所以，任何'名'的讨论都与'道'有着密切的关系。"[1]戴卡琳揭示的"道"和"名"的密切关系，《鹖冠子》表现得最为明显。《鹖冠子》提到"道"，往往与"名"联系在一起，这是《鹖冠子》道论的重要特色，也是《鹖冠子》"名"思想的重要特征。

《环流》篇强调万物"莫不发于气，通于道，约于事，正于时，离于名，成于法者也"。《商君书·定分》曰："故圣人为法，必使之明白易知、名正、愚知遍能知之。"二者都是"名""法"并用，可以看出《鹖冠子》受到法家的影响。法家的代表人物韩非子认为，"法"是一国之本，《韩非子·心度》言："法者，王之本也。"而韩非子也将"名""法"并用。《韩非子·饰邪》曰："故先王以道为常，以法为本，本治者名尊，本乱者名绝。"韩非子与《鹖冠子》一样，认为"名"与"法"互相依托，相辅相成；《鹖冠子》强调"名"与"法"通于道，韩非子明言二者以道为常。诸多相似之处，可以看出《鹖冠子》与法家有着无法

---

① [比]戴卡琳：《解读〈鹖冠子〉：从论辩学的角度》，沈阳：辽宁教育出版社，2000年版，第177—178页。

否认的联系。

曹峰先生在谈到先秦"名""法"并立时，注意到"名"先于"法"的现象，认为"名"在先"法"在后的思维模式，很可能是受到典型名家思想的影响，因为名家鼓吹通过"辩"来确定是非。① 从曹峰先生的分析来看，《鹖冠子》的"名""法"并举，由"名"到"法"的思维模式，也可以认为是受到了名家的影响。

司马谈在《论六家要旨》中谈到道家的特征时说："道家使人精神专一，动合无形，赡足万物。其为术也，因阴阳之大顺，采儒墨之善，撮名法之要，与时迁移，应物变化，立俗施事，无所不宜，指约而易操，事少而功多。"②

从上文的分析中就可以看出，《鹖冠子》的"名"思想，从儒家和老庄思想吸收了合理的部分，融合了道和礼、综合了"分"与"正"；其"名""法"并举则受到了名家和法家思想的影响。对照司马谈对道家的评论，尤其是"采儒墨之善，撮名法之要"，可以说《鹖冠子》的"名"思想表现了典型的道家特征。

---

① 曹峰：《"名"与"法"的接点》，大东文化大学人文科学研究所编《人文科学》第13号，2008年。本文所引用的句子，乃曹峰先生自译，提供给笔者，在此深表感谢。
② 司马迁：《史记·太史公自序》，见《史记》，北京：中华书局，1982年版，第2486页。

结　语

　　深入理解道家"名"思想，必须将其放在轴心时期诸子"名"思想的大背景下进行考察。郑开认为："从思想史的角度进行概括，春秋战国时期'名'的来源与背景，由以下两条线索交织而成：一是'德礼体系'下的'名位'观念之旧传统；一是诉诸刑名和法——时代精神的一部分——的新思潮。"[①] 那么，道家"名"思想则是这种新思潮的代表。

　　先秦"名"思想的兴起是以周文疲敝作为大背景的，周礼体系的崩溃和春秋时期社会阶层的大变动，成为诸子"名"思想发生的直接动因。孔子正名思想因此而发，道家"名"思想也不例外。道家"名"思想的路向与孔子正名思想大异其趣，但是孔子正名思想却始终作为道家"名"思想的学术背景而存在，道家"名"思想虽然沿着自己的路径发展，但一直难以摆脱儒家"名"思想的影响，在与儒家辩驳的过程中改变着自己。

　　春秋之前，"名"思想的传统是"成命百物"。还残留着原始人对命名的神秘看法，认为命名包含着控制的意味，这是原始时期人类与自然未曾分化的标志。孔子把"名"置于政治的框架内思考，将其作为修身和治国的重要内容；老子则赋予"名"以宇宙论的内涵，把"道"引入"名"思想的范围内，将"名"视为"道"呈现的重要条件。"道"

[①] 郑开：《德礼之间：前诸子时期的思想史》，北京：生活·读书·新知三联书店，2009 年版，第 411 页。

是"名"的根源和基础，但是"道"却依靠"名"而进入人们的认识范围，"名"是生成万物的一条不可或缺的路径。但是在老子这里，"名"仍然侧重于形而上的含义，往往具有宇宙运行规律的含义，老子所谓的"常名"则与"道"非常接近。更重要的是，老子的引"道"入"名"，对后世道家产生了巨大的影响。老子对道名体系有开创之功，但老子没有深入论述，后世道家则就道名关系，"道"如何生成"名"，"名"如何进入实践环节进行了详细论述。

庄子和老子一样侧重"名"的理论内涵，庄子以"道"为旨归，对"名"进行了彻底的理论思辨。庄子否定儒家正名的政治主张，对以礼为基础的儒家名位思想进行了猛烈抨击；庄子同时否定名家学派进行的语言和逻辑思辨，主张"以指喻指之非指，不若以非指喻指之非指也；以马喻马之非马，不若以非马喻马之非马也。天地一指也，万物一马也"[1]，对名家学派主张的"白马非马"[2]"物莫非指，而指非指"[3]进行了彻底的批判。

庄子主张的齐物世界实际上是指"道"未分化之前的情形。庄子以齐物消解了"名"，以"道"的完整性否认了"名"的差异性，进而否定了以礼乐为特征、以正名为要求的儒家思想。庄子的"无名"，侧重的是个体的心灵自由，应对的是个体生命与社会的紧张，而庄子后学关涉政治领域时，便不得不修改自己的主张，表现出向名法系统转变的趋势，与《鹖冠子》的"名"思想遥相呼应。

从历时性的角度来看，《黄帝四经》的"名"在"名"思想的发展过程中，介于《老子》与《鹖冠子》之间。《黄帝四经》的"名"，弱

---

① 《庄子·齐物论》。

② 《公孙龙子·白马论》。

③ 《公孙龙子·指物论》。

化了《老子》中的抽象性，却还完全落到治理国家的实用层面。《黄帝四经》的"名"，具有很强的生成意味，明显仍然处于"名" 思想发展长河的上游。《管子》四篇的"名"思想，受《黄帝四经》的影响较大，二者有很多相似的论述，但理论性还不够，"名"被限定在实践环节，完全是为君主治理国家服务的。《管子》四篇中，"名"和"道"未见有什么直接联系，"名"和"法"的联系只有一处，"名"独立于"道""法"之外，"道"生"法"的过程中还没有"名"这一环节，说明此时 "名"思想还处于发展的前期阶段。

《鹖冠子》的"名"思想，在理论性和实践性上都已成熟而完备。《鹖冠子》的"名"思想渊源于老子的"道"，但侧重的是"道"实用的一面，"名"是"道"形而下过程中不可缺少的一个环节，是道法系统的连接点。《鹖冠子》的"名"思想融合儒墨，对治国提出了一套详细方案，对"分""正"尤为重视，这是老子未曾详细阐述的。

徐复观先生认为："孔子的'正名'思想提出以后，更影响到战国时代的各家思想。在以君道、臣道来正统治者所居之名、所居之位的这一点上，没有得到明显的发展，因为这要和当时的统治者发生直接之冲突。但在以一般的政治问题为中心而正百事之名上，却有了相当之发展，这即是政治中的名实问题或形名问题。"[1]徐复观先生的看法切中肯綮。《鹖冠子》的"名"思想，突出表现了徐复观先生所说的特点。君主是"名"的制定者，"正名"是臣下对君主的责任，"正名"只强调孔子所谓的"臣臣"，完全抛弃了"君君"的一面。《鹖冠子》发展并细化了老子的名思想，在道家"名"思想史上的地位不容忽视。

"名"问题的发生和衰退，与社会变动的剧烈与否密切相关。战国

---

① 　徐复观：《中国思想史论集续篇》，上海：上海书店出版社，2004 年版，第 210—211 页。

末期，大一统的社会趋势极为明显，社会分层趋于稳定，名位混乱的情形告一段落，"名"思想失去了"百家争鸣"的动因，道家"名"思想与其他各学派对"名"的主张和看法趋于一致，这是先秦道家"名"思想的尾声。道家"名"思想的余韵，则一直影响到几百年之后的魏晋玄学。

参 考 文 献

（按作者姓名汉语拼音排序）

[1] 班固．汉书 [M]．北京：中华书局，1962．

[2] 白奚．稷下学研究——中国古代的思想自由与百家争鸣 [M]．
北京：生活·读书·新知三联书店，1998．

[3] 陈启云．中国古代思想文化的历史论析 [M]．北京：北京大学
出版社，2002．

[4] 陈启云．治史体悟——陈启云文集：卷一 [M]．桂林：广西师
范大学出版社，2007．

[5] 陈启云．孔子的正名论、真理观和语言哲学 [J]．汉学研究（10）．

[6] 陈孟麟．墨辩逻辑学 [M]．济南：齐鲁书社，1983．

[7] 陈鼓应、白奚．老子评传 [M]．南京：南京大学出版社，2001．

[8] 陈鼓应．道家文化研究：第 1 辑 [M]．上海：上海古籍出版社，
1992．

[9] 陈鼓应．管子四篇诠释——稷下道家代表作解析 [M]．北京：
商务印书馆，2006．

[10] 陈鼓应．黄帝四经今注今译——马王堆汉墓出土帛书 [M]．北
京：商务印书馆，2007．

［11］陈盈全.《鹖冠子》的"道生法"思想——从天、地、人、命四稽谈起 ［D］. 台湾大学，2009.

［12］崔清田. 名学与辩学 ［M］. 太原：山西教育出版社，1997.

［13］陈继红. 名分·秩序·和谐——先秦儒家名分思想的一种解读方式 ［J］. 南京大学学报，2010（5）.

［14］程树德. 论语集释 ［M］. 北京：中华书局，1990.

［15］程仲棠. 逻辑要与中国现代文化接轨载 ［J］. 社会科学战线，1996（4）.

［16］程仲棠. 中国古代有逻辑思想，但没有逻辑学——答马佩教授 ［J］. 暨南学报，2008（6）.

［17］成中英. 易学本体论 ［M］. 北京：北京大学出版社，2006.

［18］曹峰. 中国古代"名"的政治思想史研究 ［D］. 东京：日本东京大学，2004.

［19］曹峰. 两种名家 ［C］// 海峡两岸"哲学及其时代角色之自觉"学术研讨会论文集. 济南：山东大学出版社，2007.

［20］曹峰. 黄帝四经所见"名"的分类 ［J］. 湖南大学学报，2007（1）.

［21］曹峰. 黄帝四经所见"执道者"与"名"的关系 ［J］. 湖南大学学报，2008（3）.

［22］曹峰. "名"与"法"的接点 ［J］. 人文科学，2008（13）.

［23］曹峰.《荀子·正名》篇新论 ［J］. 儒林：第 4 辑. 济南：山东大学出版社，2008.

［24］曹峰. 孔子正名新考 ［J］. 文史哲，2009（2）.

［25］曹峰.《吕氏春秋》所见"名"的政治思想研究——以《正名》、《审分》篇为主 ［J］. 诸子学刊：第 4 辑. 华东师范大学出版社，2010.

［26］曹峰.《老子》首章与"名"相关问题的重新审视——以北大

汉简《老子》的问世为契机 [J]. 哲学研究，2011（1）.

[27] 董仲舒. 春秋繁露 [M]. 四部精要本. 上海：上海古籍出版社，1993.

[28] 段玉裁. 说文解字注 [M]. 上海：上海古籍出版社，1981.

[29][比] 戴卡琳. 解读《鹖冠子》：从论辩学的角度 [M]. 沈阳：辽宁教育出版社，2000.

[30] 丁亮. 无名与正名：论中国上中古名实问题的文化作用与发展 [M]. 台北：花木兰文化出版社，2008.

[31] 丁小丽. 孔孟荀"名分"思想研究 [D]. 北京：北京师范大学，2002.

[32] 傅山. 霜红龛集：卷三十二 [M]. 太原：山西古籍出版社，2004，985.

[33] 冯友兰. 三松堂全集 [C]. 郑州：河南人民出版社，2001.

[34] 冯友兰. 中国哲学简史 [M]. 北京：北京大学出版社，2003.

[35] 甘怀真. 皇权、礼仪与经典诠释：中国古代政治史研究 [M]. 上海：华东师范大学出版社，2008.

[36] 郭庆藩. 庄子集释 [M]. 北京：中华书局，1985.

[37] 顾颉刚，刘起釪. 尚书校译释论 [M]. 北京：中华书局，2010.

[38] 郭沫若. 《管子》集校 [M]. 北京：科学出版社，1956.

[39] 郭沫若. 郭沫若全集：历史编第一卷 [M]. 北京：人民文学出版社，1982.

[40] 胡适. 先秦名学史 [M]. 上海：学林出版社，1983.

[41] 胡适. 中国哲学史大纲 [M]. 北京：东方出版社，1996.

[42] 黄怀信. 《鹖冠子》汇校集注 [M]. 北京：中华书局，2004.

[43] 胡厚宣. 释殷代求年于四方和四方风的祭祀 [J]. 复旦学报, 1956（1）.

[44] 胡厚宣. 甲骨文合集释文 [M]. 北京：中国社会科学出版社, 1999.

[45] 焦循. 孟子正义 [M]. 北京：中华书局, 1987.

[46] 梁启超. 子墨子学说 [M].// 梁启超. 饮冰室合集专集：三十七. 北京：中华书局, 1936.

[47] 列维·布留尔. 原始思维 [M]. 北京：商务印书馆, 1985.

[48] 列维－斯特劳斯. 野性的思维 [M]. 北京：商务印书馆, 1987.

[49] 李泽厚. 新版中国古代思想史论 [M]. 天津：天津社会科学出版社, 2008.

[50] 李学勤.《鹖冠子》与两种帛书 [J]. 道家文化研究：第1辑. 上海：上海古籍出版社, 1992.

[51] 李春勇. 先秦概念之"名"的确立——由邓析经孔子至墨子 [J]. 华东师范大学学报, 1996（6）.

[52] 李志强. 先秦和古希腊语言观研究 [M]. 北京：学苑出版社, 2008.

[53] 李笑岩. 先秦黄老之学的渊源与发展 [D]. 山东大学, 2009.

[54] 楼宇烈. 老子道德经注校释 [M]. 北京：中华书局, 2008.

[55] 林翠芬. 先秦儒家名实思想研究 [M]. 台北：花木兰文化出版社, 2011.

[56] 柳宗元. 柳宗元集 [M]. 北京：中华书局, 1979.

[57] 刘笑敢. 老子古今：五种对勘与析评引论 [M]. 北京：中国社会科学出版社, 2006.

[58] 刘笑敢. 庄子哲学及其演变 [M]. 北京：中国人民大学出版社，2010.

[59] 刘利民. 在语言中盘旋：先秦名家"诡辩"命题的纯语言思辨理性研究 [M]. 成都：四川大学出版社，2007.

[60] 陆希声. 道德真经传 [M]. // 阮元. 宛委别藏. 南京：江苏古籍出版社，1988.

[61] 廖苍洲. 《管子》书刍议 [J]. 修平人文社会学报，2004（3）.

[62] 马塞尔·莫斯. 巫术的一般理论：献祭的性质与功能 [M]. 桂林：广西师大出版社，2007.

[63] 马佩. 再驳中国古代（先秦）无逻辑学论——对程仲棠教授"答马佩教授"的回复 [J]. 中州学刊，2010（1）.

[64] 纳日碧力戈. 姓名论 [M]. 北京：社会科学文献出版社，2002.

[65] 钱钟书. 管锥编 [M]. 北京：中华书局，1979.

[66] 阮元. 十三经注疏 [M]. 北京：中华书局，1980.

[67] 苏舆. 春秋繁露义证 [M]. 北京：中华书局，1992.

[68] 司马迁. 史记 [M]. 北京：中华书局，1959.

[69] 孙福喜. 《鹖冠子》研究 [M]. 西安：陕西人民出版社，2002.

[70] 涂尔干. 原始分类 [M]. 上海：上海世界出版集团，2005.

[71] 唐兰. 马王堆帛书乙本卷前古佚书的研究 [J]. 考古学报，1975（1）.

[72] 魏启鹏. 马王堆汉墓帛书《皇帝书》笺证 [M]. 北京：中华书局，2004.

[73] 伍非百. 中国古名家言 [M]. 北京：中国社会科学出版社，1983.

[74] 吴光．《鹖冠子》非伪书考辨 [J]．浙江学刊，1983（4）.

[75] 吴光明．庄子 [M]．台北：东大图书公司，1992.

[76] 王博．美国达慕思大学郭店《老子》国际学术讨论会纪要 [J].
道家文化研究：第十七辑，北京：生活・读书・新知三联书店，1999.

[77] 王先谦．庄子集解 [M]．北京：中华书局，1987.

[78] 王先谦．荀子集解 [M]．北京：中华书局，1988.

[79] 王先慎．韩非子集解 [M]．北京：中华书局，1998.

[80] 王晓波．道与法：法家思想和黄老哲学解析 [M]．台北：台湾
大学出版中心，2007.

[81] 王晖．夏禹为巫祝宗主之谜与名字巫术论 [J]．人文杂志，
2007（4）.

[82] 汪奠基．老子朴素辩证的逻辑思想——无名论 [M]．武汉：湖
北人民出版社，1958.

[83] 徐复观．两汉思想史：第一卷 [M]．上海：华东师大出版社，
2001.

[84] 徐复观．中国思想史论集续篇 [M]．上海：上海书店出版社，
2004.

[85] 徐元诰．国语集解 [M]．北京：中华书局，2002.

[86] 许维遹．吕氏春秋集释 [M]．北京：中华书局，2009.

[87] 颜世安．原始儒学中礼观念神圣性价值的起源——从郝伯特・
芬格莱特《孔子：即凡而圣》说起 [J]．中国哲学史，2005（4）.

[88] 袁珂．山海经校注 [M]．成都：巴蜀书社，1993.

[89] 杨伯峻．春秋左传注 [M]．北京：中华书局，2009.

[90] 杨国荣．孔墨老与先秦名实之辩 [J]．学术界，1990（6）.

[91] 杨国荣．《庄子》哲学中的名与言 [J]．中国社会科学，2006（4）.

[92] 杨国荣. 道论 [M]. 上海：华东师范大学出版社，2009.

[93] 杨宾儒. 儒门内的庄子 [J]. 中国哲学与文化：第四辑. 南宁：广西师范大学出版社，2009.

[94] 周山. 绝学复苏 [M]. 沈阳：辽宁教育出版社，1997.

[95] 曾昭式. 普通逻辑语境下墨辩逻辑学研究的回顾与反思 [J]. 哲学研究，2005（11）.

[96] 周云之. 墨辩中关于"名"的逻辑思想 [J]. 江汉论坛，1979（4）.

[97] 赵生群，苏芃.《国语》疑义新证 [J]. 古籍整理研究学刊，2007（2）.

[98] 郑开. 德礼之间：前诸子时期的思想史 [M]. 北京：生活·读书·新知三联书店，2009.

[99] 郑开. 道家"名学"钩沉 [J]. 哲学门，2005（11）.

[100] 翟锦程. 先秦名学研究 [M]. 天津：天津古籍出版社，2005.

[101] 詹剑峰. 老子其人其书及其道论 [M]. 武汉：湖北人民出版社，1982.

[102] 朱前鸿. 先秦名家四子研究 [M]. 北京：中央编译出版社，2005.

[103] 张舜徽. 周秦道论发微 [M]. 北京：中华书局，1982.

[104] 张岱年. 中国哲学史大纲 [M]. 南京：江苏教育出版社，2005.

[105] 张松辉. 庄子疑义考辨 [M]. 北京：中华书局，2007.

[106] 张双棣. 淮南子校释 [M]. 北京：北京大学出版社，1997.

[107] 张高评. 春秋书法与左传学史 [M]. 上海：上海古籍出版社，2005.

[108] 张亨. 思文之际论集——儒道思想的现代诠释 [M]. 北京：

新星出版社，2006.

[109] 张金城.《鹖冠子》笺疏 [J]. 台湾省立师范大学 "国文研究所" 集刊，1975（19）.

[110] 张连伟.《管子》哲学思想研究 [M]. 成都：巴蜀书社，2008.

[111] 张松辉. 庄子疑义考辨 [M]. 北京：中华书局，2007.